博瑞森图书
BRACE

企业阅读 本土实践

# 营销·研发·供应链

## 业务架构与流程管理

谭勋晖　金国华◎著

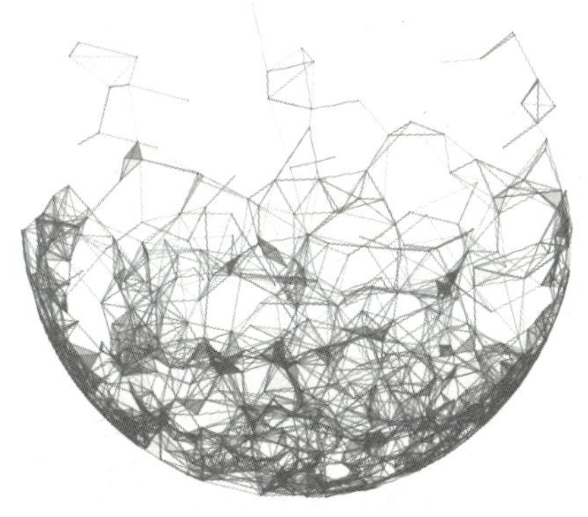

中华工商联合出版社

**图书在版编目（CIP）数据**

营销·研发·供应链业务架构与流程管理/谭勋晖，金国华著．-- 北京：中华工商联合出版社，2019.12

ISBN 978-7-5158-2622-6

Ⅰ.①营… Ⅱ.①谭… ②金… Ⅲ.①企业管理－研究 Ⅳ.①F272

中国版本图书馆 CIP 数据核字（2019）第 243308 号

**营销·研发·供应链业务架构与流程管理**

---

**作　　者：**谭勋晖　金国华
**责任编辑：**魏鸿鸣　林　立
**责任审读：**付德华
**封面设计：**仙　境
**责任印制：**迈致红
**出版发行：**中华工商联合出版社有限责任公司
**印　　刷：**河北宝昌佳彩印刷有限公司
**版　　次：**2020 年 1 月第 1 版
**印　　次：**2020 年 1 月第 1 次印刷
**开　　本：**710mm×1000mm　1/16
**字　　数：**200 千字
**印　　张：**16.5
**书　　号：**ISBN 978-7-5158-2622-6
**定　　价：**75.00 元

---

**服务热线：**010－58301130
**团购热线：**010－58302813
**地址邮编：**北京市西城区西环广场 A 座
19－20 层，100044
http：//www.chgslcbs.cn
E-mail：cicap1202@sina.com（营销中心）
E-mail：gslzbs@sina.com（总编室）

# 导读

作为流程管理领域的从业者，我一直有个困惑，就是如何让流程管理真正为企业创造价值。很多公司都已经开始重视流程管理，特别是一些成长起来的民营企业在发展壮大后迫切希望通过流程管理来规范企业运作，努力成长为管理规范的国际化企业。可是，大多数企业虽然已经组建了流程管理部门，但是能让流程与业务紧密结合并创造出价值的企业真不多。为什么会这样呢？

我认为，主要原因是很多企业的流程管理只是流于表面，没有深入到企业的核心业务模块——营销、研发、供应链。流程管理要真正体现价值，就必须从这些核心模块的业务实际情况出发，通过规范的流程管理，并且不局限于流程管理，还包括组织、绩效、IT 等管理工具的综合应用才能真正为企业创造价值。我通过多年的工作经验积累，整理出了这本书，希望通过流程管理及组织、IT、绩效等管理工具综合应用的实践经验分享，让更多的企业借鉴，让更多的读者整理出符合所在企业发展的最佳流程管理实践方法。

本书第一章介绍了从战略到业务流程框架的设计，再到组织、绩效、IT 等管理工具依次展开的理论架构，这也是本书后面所有流程实践的分享逻辑。通过第一章的阅读，读者将在自己的脑海中形成一个管理架构的逻辑。这个逻辑是战略在顶层，然后根据战略分解到对应业务的流程架构，该架构是承上启下的业务框架。在这个框架下再展开具体的流程内容，以及流程涉及的组织变革、绩效管理支撑、IT 工具支撑等，最终形成一个完整的立体管理架构。

第二章介绍了营销模块 LTC（从线索到回款）的流程、组织、绩效、IT 的具体案例。营销 LTC 流程是从市场线索开始，通过线索的管理再到机会点管理，然后是订单管理及售后服务的回款管理结束。详细介绍了从营销战略到业务框架，然后再展开到具体的流程内容、模板表单、组织变革、绩效制度的设计、IT 系统的落地等一系列工具的综合应用，让读者清晰地理解营销模块的流程管理实践经验，并通过经验启发联系自己所在公司要如何展开 LTC 流程变革项目。

第三章与第四章介绍的是研发 IPD（集成产品开发）和供应链 ISC（集成供应链）模块的流程、组织、绩效、IT 的相关内容，内容结构同第二章一致，只是结合了研发模块与供应链模块的实践经验，从不同的角度阐述了如何根据实际业务整理出最符合企业发展的流程管理实践。

第五章介绍了如何构建流程管理体系。流程管理体系作为一个重要的管理体系，是支撑流程管理真正同业务结合的重要管理支撑体系。从第二章到第四章的流程管理规则与工具的应用，最终都需要流程管理体系的支撑才能真正发挥实际价值。通过本章的阅读，可以总结出科学合理地构建一家企业的流程管理体系，这对很多企业来说都是非常重要的。

本书的编撰过程中，我要特别感谢业界著名的流程管理专家金国华老师。在金老师的指导下，我三次修改书稿，才总结出了更贴近读者、让更多企业管理者借鉴的流程管理实践之书。

目录

contents

# 第一章

## 企业经营
## 从战略到落地的逻辑

## 第一节　案例分析：战略落地问题

**案例：某企业战略转型落地难**

一家从事机械设备的制造企业，经历过几年的快速发展后，增长变缓，企业内部运转也慢慢变得僵化。在这种情况下，老板考虑到企业应该进行转型变革了，请了一家咨询公司做了详细的战略咨询方案。战略转型方案是：

第一，从以往的市场大面积撒网向大客户深度经营转移，提升公司的营业额与利润率。

第二，从以往的卖机械设备向卖整体解决方案转型，多为客户提供完整的解决方案与定制化服务，提升公司的核心竞争力。

为了配合战略转型方案落地，公司在绩效考核上也做了相应的调整，销售部总监绩效权重的50%对大客户开发与提供解决方案、提升销售收入负责。

一年过去了，大客户开发与提供解决方案的市场开拓进展缓慢，人力资源部要对销售部总监进行KPI扣分，但是销售部总监意见很大。

比如公司说要向卖解决方案转型，但是对于什么是解决方案，公司上下理解不一，也没有具体标准，除了一个概念和口号，大家在实际执行的时候，并不能完全地把握解决方案的意义，最终还是在卖设备。这种情况下，考核就更不合理了。

## 案例分析

### 1. 战略方案究竟有没有问题

我认为，咨询公司提供的战略方案是没有问题的，这个方案把握了公司转型的两个方向：一是把握现在；二是把握未来。开拓大客户能让公司发展壮大，提升公司的市场占有率，更重要的是能提升公司的盈利水平，这是每个企业都想做的事，这个方向当然没有错。

卖解决方案也是很好的方向，就像电梯行业。目前电梯行业竞争很激烈，很多企业已经从卖电梯向卖电梯整体配套解决方案与售后服务转型，而那些只关注一次性电梯设备交易，将售后服务外包的企业生存越来越困难。因为行业竞争激烈，一次性销售电梯设备的毛利并不高，不能提供完整解决方案的电梯企业越来越难以生存。所以，及时做企业战略转型升级是非常重要的，本案例中的企业从卖产品向卖解决方案转型当然是一个很好的方向。

**2. 既然方向没有问题，为什么不能落地**

方向是正确的，只代表企业选择了一条正确的路，并不代表一定能抵达这条路的目的地。对于如何到达目的地，本案例中的公司采用了绩效考核的办法，这个举措当然是必要的，但是还不够，还需要其他管理要素综合应用才能实现落地。

以下管理要素要考虑：

**组织：**战略目标是需要一定的组织来承接的，既然开发大客户，就要成立专门的大客户服务部，整合公司的核心资源来服务好大客户。如果大客户和小客户是一样的服务标准，那么如何留住大客户呢？不仅是销售模块要有大客户服务的组织，必要时还可以将研发和一些供应资源整合成一个新的事业部，避免小客户争夺大客户资源的情况，这样才能真正服务好大客户，进而获取更多优质订单。

**绩效：**本案例中，虽然公司对销售部总监提出了绩效考核方案，增加了新的战略业务的考核，但是还远远不够。首先，考核的权重与导入的时机还可以再调整，一项新的指标真正纳入考核是需要一个观察期的，在这个观察期要对指标的设计、指标的落地因素、实际落地得分进行分析，最终根据实际情况调整权重与考核分值，让被考核的人看得到达成目标的希望，也能理解新目标的意义，采用循序渐进的方式进行考核，这样才更容易让绩效考核驱动战略目标的达成。

另外，只考核销售部也是不合理的，战略目标要拆解，可以通过平衡计分卡的方式分解目标，让不同的模块承接各自工作，最终让不同模块的人形成合力，促进战略目标的达成。

**流程与 IT：**组织与绩效是解决资源整合与驱动力的问题，但在实际落地过程中执行力是关键。如何提高执行力呢？很多企业将战略转换成口号，大会小会天天讲，但是执行效果就是不好。这是因为战略目标没有融入各部门的日常工作，大家平时做的和战略定的方向不一致。如何才能达成目标呢？必须要对业务流程进行重新设计，并通过 IT 固化。本案例中，针对大客户的服务流程是没有的，实际工作中无论是大客户还是小客户都是同样的流程，战略目标就不能落实到日常工作中，所以要针对新的业务制定相应的流程，通过流程与 IT 的固化将战略目标的达成融入所有员工的日常工作中。

**启发：从战略到落地的执行要素**

本案例中，从战略到落地是脱节的，如果只是调整某一个管理要素，是无法保障战略落地的。因此，我们需要识别战略落地执行的所有要素。这些要素包括组织、绩效、流程与 IT，甚至包括企业文化等，如何将这些管理要素融合在一起并产生实际的效果呢？

承接战略并对整体、对各个业务模块进行细分领域，我们称为业务架构。业务架构规范了业务范围与业务运作的具体内容，再通过组织、绩效、流程与 IT 等多个管理要素的综合应用使战略落地。

关于业务架构如何应用，我们将在下一章讲解。

## 第二节　从战略到落地的执行地图

通过上一节的案例我们引申出了关于战略落地的思考，于是通过提炼总结出了图 1－1 的战略落地执行地图，下面我们对这张地图进行讲解。

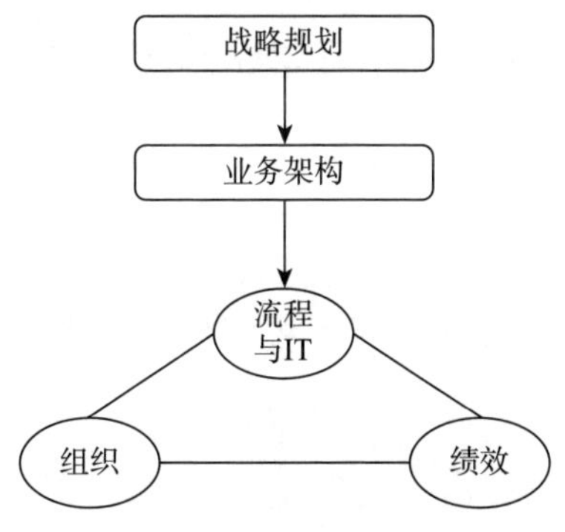


**图 1－1　战略落地执行地图**

企业经营首先要明晰战略，战略告诉我们要去哪里、怎么去。

然后是业务架构，关于业务架构，我的理解是将企业的各职能模块细分为层级管理的模块架构，它是符合公司战略意图的，也是符合公司业务现状的，也可以理解为日常工作的业务框架。在这个框架内再分解具体的工作，这个框架就是整体业务架构，也可以称为流程架构。因为流程来自于业务，业务架构的最终分解落地还是要依靠流程的。

某企业的整体业务架构，如图1－2所示。

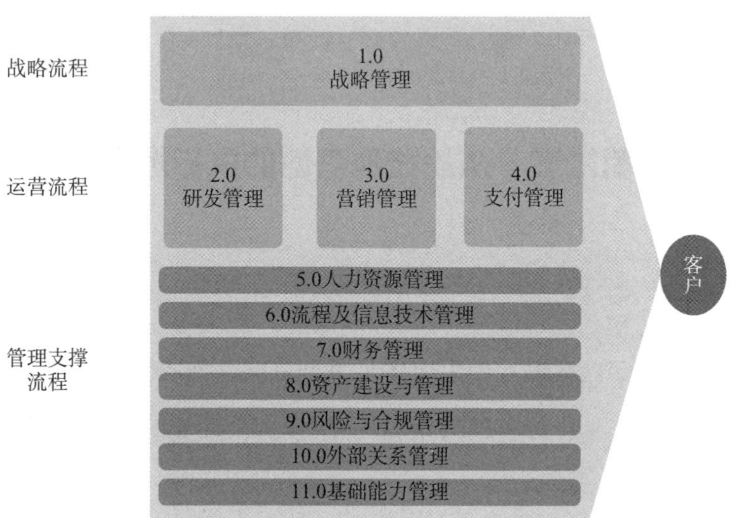


**图1－2　某企业整体业务架构图**

我们可以看到，一个企业分解了三大类、十一个业务模块，根据各个企业的实际情况，也会有不同的分类方法。在这个业务架构下，其实还是可以分解的，比如战略模块，可以分解成多个层级的业务子模块。如图1－3所示。

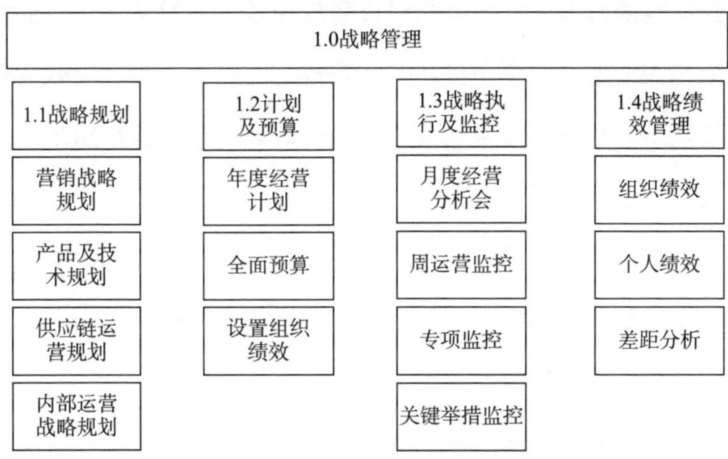


**图1－3　战略模块业务流程架构图**

业务架构细分成子模块，通过流程规划明确各自业务范围与操作规则，然后整合其他管理要素，如组织、绩效、IT 等管理工具的综合应用，才能真正让战略落地。

下面我们通过对战略模块的业务架构分析来介绍本业务架构中如何实现组织、绩效、流程与 IT 的要素整合，从而实现战略职能的落地。

**组织**：战略职能的执行首先要有组织来承接，基于案例中的战略模块业务架构，我们可以设计承接组织架构，如图 1－4 所示。

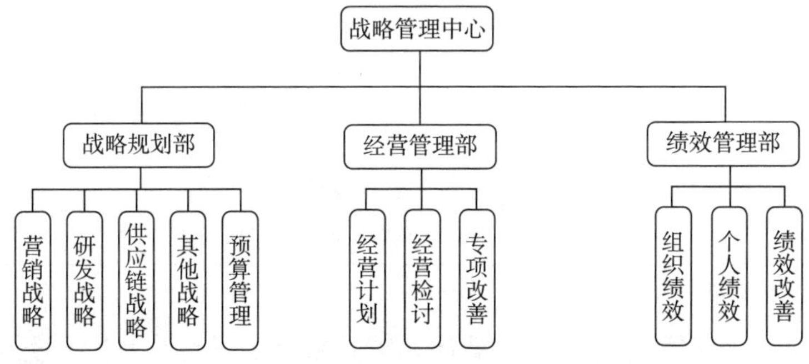


**图1－4　战略模块组织架构图**

组织架构图来源于业务架构对该管理模块的战略解读，我们根据以上业务架构图设置了三个子模块—战略规划、经营管理、绩效管理。在各个子模块下，根据业务架构设置了不同的岗位或功能小组来承接业务架构中的各个子模块业务规划（小组划分仅从业务功能划分，实体组织可以合并管理多个业务功能模块）。由此可以看出，业务架构图首先能分解出组织管理的要素，这样设定的组织符合战略工作的要求，将战略分解的模块责任具体化。

**绩效：**有了组织承接，就代表了有责任人，这还不够，还需要设计激励方案，需要对责任人的目标达成情况进行绩效衡量。绩效考核的设计务必要严谨，如果不严谨，会导致责任人为了完成考核而损害公司的利益。绩效考核作为一个重要的管理要素，在战略落地的过程中保驾护航。

我们来看一下关于战略各模块的绩效管理方案，如表 1－1 所示。

**表 1－1　战略各模块的绩效管理方案**

| 模块 | 指标名称 |
|---|---|
| 战略规划 | 战略目标达成率 |
| | 预算偏差率 |
| 经营管理 | 经营目标达成率 |
| | 经营改善计划达成率 |
| 绩效管理 | 绩效指标达成率 |
| | 绩效改善计划达成率 |

从以上绩效管理方案可以看出，绩效指标的设计也是同业务架构的规划相符合的，这就是业务架构对绩效管理的指导作用。

**流程与 IT：**组织承接责任人，绩效激励责任人，流程则是将战略的目标要求落实到具体工作中。比如大客户服务流程中，订单处理流程就与其他一般客户的流程不一样，大客户的要求要优先安排、单独研发与提供交付资源支持，通过日常的工作规范，以及制定明确的工作输出标准，将最高层的战略目标落实到最底层的日常工作中。

战略业务流程规划方案，如表1－2所示。

**表1－2　战略业务流程规划方案**

| 业务模块 | 一级流程 | 二级流程 |
| --- | --- | --- |
| 战略规划 | 战略规划与实施 | 营销战略规划与实施<br>研发战略规划与实施<br>供应链战略规划与实施<br>管理支撑模块战略规划与实施 |
| | 预算管理 | 预算制定流程<br>预算变更流程 |
| 经营管理 | 经营目标制定 | 经营目标分解 |
| | 经营分析与检讨 | 年、季、月、周指标检讨 |
| | 经营改善 | 经营结果改善监控 |
| 绩效管理 | 绩效制定 | 组织绩效制定<br>个人绩效制定 |
| | 绩效监控 | 绩效核算与生效 |
| | 绩效改善 | 绩效指标改善 |

流程与IT的规划也是符合业务架构框架的，通过流程将各模块的业务打通、各模块的岗位串接，并通过绩效制度激励各模块通过流程规范作业达成预定的绩效目标。

## 小结

以上就是本节介绍的从战略到落地的执行地图。在战略落地的过程中，业务架构起承上启下的作用，通过业务架构展开的各类管理要素设计最符合战略要求，也更加符合实际运营的需要，避免各种拍脑袋或者因政治斗争而出台各项管理政策。因此，业务架构在战略落地的执行地图中是非常重要的。

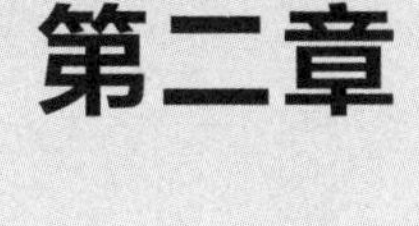

# 第二章

## 营销模块
## 业务架构与流程管理

## 第一节　案例分析：营销模块常见问题

很多公司营销模块的问题都很相似，核心问题当然是内部协同不足，没有通过营销需求来高效拉动公司其他业务模块。看看下面这个案例：

**背景：** 客户经理 A 从代理商处得知，运营商 M 将在 4 个月后发标，改造其现有的网络，A 将信息告知产品经理 H。由于其他项目缠身，H 没有时间与客户进行深入接触和交流。H 接到标书后，仓促组建项目团队，协调各方面的资源，经过一个月的艰苦奋斗，按时交标。

**结果：** 由于招标书明显有利于友商 E，H 公司的方案适配度不高，标书虽然有一定的竞争力（事后得知），但仍然在第一轮评标中止步。

我们来分析一下这个项目的失误之处：

- 项目的介入时间过晚；

- 客户已经有了明确的方案，H 公司只能疲于应付；
- 缺少正式的团队运作项目；
- 缺少有效的项目管理方式；
- ……

从这个案例中可以看到，产品经理也许工作很努力，但是实际情况却是在这个项目中没有配合好销售部的工作。通常情况下，我们可能靠的是企业高层的压力传递，靠的是人盯人形成的战斗力，在这样的状态下要想取得卓越的工作绩效是很难的，不同模块、不同岗位的串接，没有一套规范的作业规则是很难实现高效协同的。

当然，大家不会承认自身的问题或是管理上的漏洞，通常会做出以下解释：

- “我们公司的产品缺乏竞争力。”
- “客户认为我们公司的服务太贵。”
- “我接触不到客户的高层。”
- “如果主管能给我权限，可以给客户更多的折扣就好了。”
- “我们介入的时间太晚了。”
- “潜在客户不知道自己要的是什么。”
- “主管告诉我要做什么，却不说清楚该如何做。”

如何让借口不再存在？我们必须明确营销模块的战略目标是什么，根据战略目标如何设计业务架构？串接到不同模块的业务规则、不同岗位的标准时效与工作输出如何管理？

通过本案例，我们来分析营销模块存在的问题：

### 1. 与其他部门的协同作战问题

一个营销项目的成功需要营销模块同其他模块协同运作，比如产品开发模块（本案例中的产品经理）。当然还有其他模块的，比如供应链交付，甚至包括财务、后勤、品牌等部门的协同作战。跨越这么多个部门，在规则不清晰、部门沟通不畅的情况下，如何确保形成协同作战的能力呢？

通常情况下就是靠人盯人，销售人员除了付出很多精力在客户身上外，还得花费很多精力在公司内部资源整合上。如果人盯人还不行，销售人员就得请领导出面了，这时就是权力驱动，典型的人治思维。在规则不清晰的情况下，人治思维会非常明显，这也是导致各部门不能协同作战的主要原因。

如何确保协同作战？除了业务架构合理外，后面的流程细则与组织设计也很重要。我们将在后面的章节中介绍“铁三角”项目组织的概念，分享如何让营销项目组织协同作战的实践经验。

### 2. 业务规则不清晰

本案例中的产品经理对于在什么时候介入、介入之后要发挥的作用是什么、工作的要求标准是什么、他有哪些权限、能调动哪些资源等，这些都是不清晰的。这就是业务规则不清晰的具体表现，产品经理非常忙碌，挤出时间完成了这个项目，但是没有得到好的结果。

业务架构首先要确定业务范围，然后对业务进行分解，经过拆分后的各个子模块再制定详细的作业规则，这样就能有效地避免案例中出现的情况，这就是流程管理的作用。

### 3. 绩效管理不合理

常见的营销模块只对营销内部的人有激励，项目失败也只是营销人员在承担责任。其他模块的人即便参与项目也只是完成工作任务。可想而知，项目最终的效果不会太好。

合理的绩效方案要能激发项目所有相关人员的积极性，而不是只对营销模块的人进行激励。这样就使跨模块、跨部门岗位的人形成了一个利益共同体。

### 小结

本节通过案例引申出营销模块的一些共通性的问题，这些问题与第一章提到的战略落地执行地图的问题相似。营销模块的通用问题在于业务架构不清晰，也就是规则不清晰。另外，同组织、绩效、流程与IT的管理要素综合运用不当有很大关系。我们通过案例分析出了这些问题，如何解决这些问题呢？我们将在营销模块业务架构设计中分享解决这些问题的实践经验。

## 第二节　从营销模块战略地图到 LTC（线索到回款）流程架构

每个企业的营销战略是不一样的。下面是某家企业营销模块的战略目标要点：

第一，市场规划：明确的市场目标，以及形成对市场的洞察力，找到市场需求点。

第二，销售目标：根据市场规划，对销售机会整合公司资源形成强有力的战斗力，管理好每个销售项目，达成销售目标。

第三，做好客户服务。

接下来我们要根据战略落地执行地图，形成符合营销模块战略目标要求的业务架构。

业务架构应该体现以下几个模块：

第一，管理市场。

第二，管理销售与后端交付。

第三，做好销售服务支持管理。

对业务模块进行分析后，再对实际业务进行分析，如销售与后端交付过于笼统，需要进一步拆分。根据销售项目的先后顺序分解为销售线索、销售机会、销售合同三个环节，这样就形成了大致的业务架构规划。如图 2-1 所示。

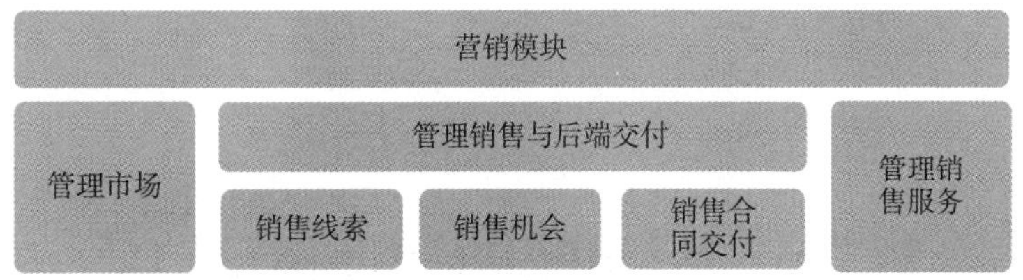


**图 2-1　营销模块业务架构初步设计**

可以看出，营销职能战略目标是业务架构的设计基础，然后对各子模块进行细分领域，最后我们总结出图 2-2 的营销模块业务架构。

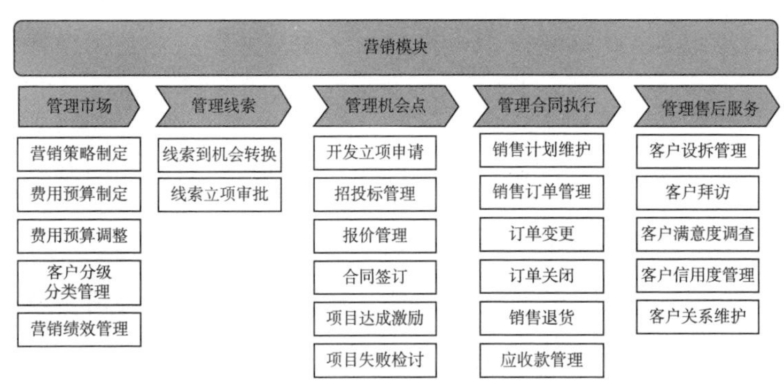


**图 2-2　营销模块业务架构最终设计**

以上就是营销模块业务架构的形成过程，从战略到实际业务分解，形成一个模块的业务框架，在这个框架范围内再进行其他管理要素的整合，就形成了一个战略落地的执行地图。我们将这个业务架构对标华为的叫法，称之为 LTC（线索到回款）业务流程架构。

下面我们对这个业务架构做详细的介绍，便于读者根据公司的实际情况进行灵活设计。

### 1. 管理市场

前面我们已经介绍了市场的重要性，市场规划如此重要，就要通过具体的日常业务规则管理好，并根据规则加强市场规划的执行力。

（1）营销策略制定。

营销策略的制定需要经过科学的评审环节，而不是由某个领导拍脑袋就决定了。通常情况下，营销策略的制定会通过营销战略委员会最终决策，并由营销管理部门来跟踪策略的实施与效果反馈。

（2）营销预算管理。

预算其实是公司的资源投入计划，很多公司的预算管理不规范，要么管得太严，很多老板喜欢一刀切，控制在什么目标以下，不符合实际情况；要么管得太松，花钱没有控制，最终造成公司盈利能力降低。公司的资源投入应该重点向核心客户资源倾斜，同时对未来增长性业务进行持续投入，根据实际市场规划、营销策略来进行预算管理是非常有必要的。

（3）客户分级分类管理。

根据二八原则，80% 的营业收入其实是 20% 的重点客户贡献的。如果不能区分哪些客户是属于这 20% 的客户，那么本应该向他们投入的资源就会流向其他客户，最终造成投入与产出不成正比。另外，根据市场细分规则，不同行业领域的客户应该要分类别，根据实际情况制定针对性的营销策略，这是非常有必要的。

（4）营销绩效管理。

市场规划后，完成得好不好应该要有激励和问责，这就是营销绩效的管理。在设计绩效方案的时候要承接营销战略要点，也不能顾此失彼，如只考核营业收入，就会造成营销利润率低。要根据不同的业务领域、客户情况制定不同的营销绩效考核，绩效考核的细化有利于根据实际情况有针对性地促进业务增长。

**2. 管理线索**

市场规划好之后，具体的销售业务就展开了。销售人员在一线市场上会面对很多销售线索，例如：某个客户要投入什么新产品、对我们的配套供应有哪些需求、竞争对手有哪些等。如何管理好这些线索？这就需要管理线索的流程来帮助制定业务规则了。

（1）线索到机会转换。

销售人员收到的线索也许只是同客户之间交流的一个信息，或者圈子里某个朋友提供的一个消息，这些线索并不都能转换成争取订单的机会，因此对线索转换成机会的过程需要一个业务规则。比如先录入线索的基本信息，提出需要哪些前期的资源对接，并对线索的培育提出更多要求，及时更新线索的进展。在这个过程中，线索要么被转换成机会点，去争取订单；要么经过一段时间考察后主动放弃，将精力投入到其他线索中，关闭这条线索。

（2）线索立项审批。

为什么要单独将线索立项作为一个审批流程呢？在没有线索审批之前，很多销售人员将线索保护得很好，这样信息就不能共享，销售人员内部可能会出现几个销售人员在跟踪同一个线索的情况，甚至有些销售人员明知道线索是别人先发现的，但是为了销售考核，也去争取这条线索。这样就造成了内部资源的消耗、资源的重复投入，还给部门内营造了不好的氛围。

另外，有些人只是知道线索，并没有良好的关系打进客户关系内部，而有些人有关系却不知道这个线索，通过审批就可以将两个人整合在一个项目团队里，共同跟进这条线索，后面根据项目的达成情况分配奖金。所以，线索审批的关键是为了让线索资源有效投入，提高线索转换成功率，而不是我们通常理解的行政审批。

### 3. 管理机会点

如果线索进展顺利，就会进入项目的产品立项阶段，这个节点有机会参与客户要求的产品打样、报价等工作。主要的工作内容有：

（1）开发立项申请。

客户要购买产品，我们就必须针对客户的需求进行相应的产品开发。既然是产品开发，就必须组建产品开发项目团队，统一按照产品开发规范过程进行项目管理，并且根据客户情况及订单预估，确定产品开发的项目等级、审批项目的预算、资源投入。

（2）招投标与报价管理。

为了规范产品报价，需要对产品价格进行审核，因为销售人员报价后很难更改，报价过低会亏损，报价太高又没有竞争力。所以，对报价的过程要进行规范管理。另外，参与招投标是非常重要的工作，如果没有做好这项工作，可能前面的努力都会付之东流。招投标包括标书制作、投标团队组建、投标前后关系维护、投标结果检讨等。

（3）合同签订。

合同签订是一个重要环节，按照公司标准的合同模板，或者根据客户要求制作合同都可以，但是对于合同的内容要求要有标准，在满足客户需求的同时也要充分考虑公司的利益。

（4）项目达成激励与失败检讨。

经过机会点项目的产品开发、报价与招投标后，很快就给出项目的结果、争取到的订单、订单额度占比是多少、后面的订单交付怎么交接等。当然，也有可能项目完全失败，这个时候项目就要停止了。项目失败，更要检讨前期哪些工作没有做好，后面要做好哪些相应的改善方案并跟踪实施，避免其他项目再犯同样的错误。

**4. 管理合同执行**

拿到订单、签订了合同，并不意味着项目团队就可以轻松了，很多项目失败都是被后端交付拖累的。因此，拿到订单后，“铁三角”的项目团队还不能解散，只是工作重心由交付经理来主导了。具体有以下业务规则要制定：

（1）销售计划维护。

后端交付要面对所有销售团队的项目，根据市场规划的客户分级分类管理原则，所有的交付将会统一维护到销售计划里。这时，单个项目的交付经理要将客户的需求提交负责销售计划维护的人列入销售计划需求。这相当于交付前端的需求管理。

（2）销售订单管理。

销售计划只是提前预留了产能，但是真正的单个交付还是以客户的订单为准，因此要通过规范的订单处理流程转给计划部门。在这个过程中，沟通很重要，项目团队作为客户与公司内部的桥梁，要尽量兼顾各方的利益，不能一味地围着客户转。很多销售人员很自私，眼里只有自己的客户与订单，为了争夺资源采取各种方式，一有不满就去高层那里投诉，其实这样做解决不了问题，反而给交付造成混乱。但是也不意味着客户的交期与品质就由后端说了算，交付模块如果没有给予该客户等级相匹配的资源投入，那就是交付模块的问题。

（3）订单后期处理。

订单出货后可能出现退货，这块业务非常有必要建立规范流程。我见过很多公司不重视此块流程，经常出现两个极端：一是客户说了算，说什么时候退货就什么时候退货，毫无理由地退货，损失由公司承担，给公司带来一定的损失；二是真实的正常退货，客户的补货与投诉总是不能被及时处理，造成客户满意度下降，甚至丢失订单。

（4）应收款管理。

交付完成后就涉及应收款的问题了，企业经营的最后目的还是盈利，如果不能及时回款，会给企业经营带来较大风险，影响资金占用，甚至是呆账、坏账。

**5. 管理售后服务**

售后服务也是LTC流程中的一个重要部分，收到款后不意味着合作就结束了。很多专业化的产品和服务是需要专业的团队去继续服务的。

（1）客户投诉管理。

有些管理不善的公司因为产品质量问题被投诉，因为流程不规范，造成客户不满意。比如一个投诉几天都没有回复客户，甚至不了了之。

客户面对这样的态度，下次还会继续给你订单吗？还有一些公司，有客户投诉对接，但是公司内部扯皮推诿现象很严重，内部总是在检讨责任，却不能及时满足客户的诉求。这就是内部流程不规范造成的问题。

（2）客户拜访。

客户拜访作为销售人员的经常性工作，也是非常重要的，通过简洁的流程进行规范即可。比如拜访前的备案、拜访后的效果反馈等，都可以列入流程内容设计。

（3）客户满意度调查。

客户满意度调查是了解客户的需求及服务客户过程中存在的问题的一个重要途径，可以通过多种方式，如电话访谈、问卷调查等方式提高客户满意度，针对收集到的问题进行针对性的改善。

（4）客户信用额度管理。

这个模块也很重要，有些交易量大的公司，如果不关注客户信用额度，很可能造成大笔的坏账。为了防范风险，这方面的管理是非常必要的。为什么放在售后模块呢？主要是初次交易在前，订单完成后根据客户的付款情况来累计客户信用记录，这样交给售后部门来做比较合理。尽量不要让销售人员维护信用额度，否则就会失去信用额度管控的意义。

（5）客户关系维护。

这个维护不是指销售人员个体针对自己的客户做关系维护，而是指广义的、标准的客户关系维护规则。比如逢年过节给不同的客户准备相应的礼品，或者制定高层互访计划、客户参观工厂的接待工作等，这些需要由客户售后服务部门来完成。

## 小结

本节介绍了营销模块业务架构的形成过程，以及其业务架构的含义。下一节，我们将分享一些核心模块的流程案例，介绍 LTC 流程架构如何落实到最底层、如何同日常工作紧密结合。

## 第三节 LTC 流程设计

上节我们介绍了营销战略地图到业务架构的实践，本节我们针对业务架构下的流程设计方案进行介绍。在流程设计的过程中要参考以下原则：

很多人对流程设计误解为将日常工作简单地写出来就是流程了，其实不对，流程是围绕客户创造价值，要考虑公司的整体利益，因此设计流程时不能只从日常的工作习惯来设计，必须围绕着如何能让流程为流程客户创造价值的原则来设计流程。

根据营销模块的业务架构分为管理市场、管理线索、管理机会、管理合同、管理售后服务几个核心模块，我们将根据不同的模块展开流程案例介绍。

### 1. 管理市场流程设计

流程规划清单表格如表 2－1 所示。

**表 2－1 流程规划清单**

<table>
<tr><th>业务模块</th><th>一级流程</th><th>二级子流程</th></tr>
<tr><td rowspan="4">管理市场</td><td>营销策略制定与实施</td><td>分类业务策略制定与实施</td></tr>
<tr><td>营销预算制定与修改</td><td></td></tr>
<tr><td>客户分级分类管理</td><td>分类客户管理流程</td></tr>
<tr><td>销售绩效考核</td><td></td></tr>
</table>

根据管理市场模块的业务架构，先梳理出一级核心流程，然后根据需要再设定二级子流程，下面我们来对一级流程进行案例操作。

（1）营销策略制定与实施流程。

①流程架构卡，如表 2－2 所示。

**表 2－2　营销策略制定与实施流程架构卡**

<table>
<tr><td>流程名称</td><td>营销策略制定与实施流程</td><td>流程层级</td><td>L2</td><td>流程编码</td><td></td></tr>
<tr><td>流程目的</td><td colspan="5">承接公司整体经营战略，制定营销模块战略</td></tr>
<tr><td>流程责任人</td><td>营销副总裁</td><td>上一层架构</td><td colspan="3">管理市场</td></tr>
<tr><td>下一层流程</td><td colspan="5">营销模块分类营销策略制定与实施</td></tr>
<tr><td>流程输入</td><td colspan="5">战略与经营检讨</td></tr>
<tr><td>流程输出</td><td colspan="5">营销模块营销战略</td></tr>
<tr><td>流程起点</td><td colspan="5">经营战略发布</td></tr>
<tr><td>流程终点</td><td colspan="5">营销模块战略达成检讨</td></tr>
<tr><td>流程度量指标</td><td colspan="5">营销市场目标达成率</td></tr>
</table>

从表2－2可以看出，流程架构卡定义出了该流程处于业务架构中的位置、关联的业务范围、输入输出的要求等，通过流程架构卡的梳理，可以快速确定流程所处的位置，以及流程要达到的目的等信息。

②流程示意图。

下面要根据实际业务情况设计流程，我们将这个流程分解为策略制定、策略研讨、策略发布、策略实施、效果反馈、检讨改进几个环节，再根据实际业务情况设置岗位与时效、输出的标准要求等。流程示意图如图2－3所示。

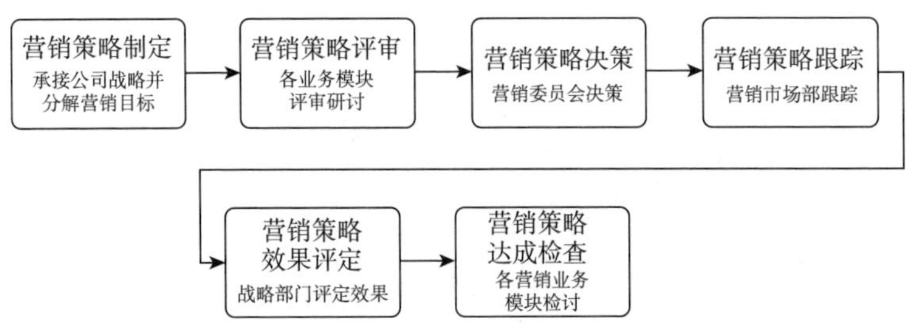


**图2－3 营销策略制定与实施流程示意图**

这里要说明一下，后面的流程我都将通过示意图的形式表现，而正规流程文件是要求用泳道图来表现的，但是书本的介绍——泳道图不利于简洁表达和理解，我们还是用最简单的流程示意图来表达。

③流程活动节点说明。

流程示意图简洁地表达了该流程的串接过程，为了详细地表达该流程的操作环节，还需要按照标准表格来说明流程如何操作。如表2－3所示。

**表 2-3 营销策略制定与实施流程活动节点说明**

| 序号 | 活动角色 | 活动描述 | 时效 | 输入输出 |
| --- | --- | --- | --- | --- |
| 01 | 市场部总监 | 每年固定时间组织团队同战略部门对接，制定出符合公司战略要求的营销模块经营战略 | 一周 | 输入：公司整体经营战略<br>输出：营销模块战略初稿 |
| 02 | 营销副总裁 | 主导营销模块各部门参与对营销战略初稿进行研讨评审，给出修订方案 | 一周 | 输入：营销模块战略初稿<br>输出：营销模块战略方案修订版 |
| 03 | 营销委员会秘书长 | 组织召开营销委员会，对营销模块战略方案进行决策评审 | 8H | 输入：营销模块战略方案修订版<br>输出：营销模块战略方案决策版 |
| 04 | 市场部总监 | 在营销内部发布营销战略方案，并安排团队跟踪战略落地过程与实际达成效果 | -- | 输入：营销模块战略方案决策<br>输出：营销战略发布与跟踪达成效果 |
| 05 | 战略总监 | 组织团队对营销战略落地效果进行评定 | -- | 输入：营销战略实施<br>输出：营销战略达成效果评定 |
| 06 | 市场部总监 | 对战略达成效果进行考核激励，对未达成的组织各模块进行研讨并输出改善方案 | 一周 | 输入：营销战略达成效果评定<br>输出：营销战略达成激励与检讨改善方案 |

以上是营销策略制定与实施流程，本流程作为承接企业整体经营战略的流程，以及指导营销模块业务工作的方向流程，是非常重要的。任何一个业务模块都是为企业整体经营目标服务的，有了这个流程后，整个营销模块业务架构才有明确的目标。

④流程相关表格。

流程操作明确后还有实际工作中使用的表格，根据我对这个流程的理解设计的工作表格如表 2-4、表 2-5 所示。

表 2-4　营销策略表

| 策略模块 | 细分领域 | 量化目标 | 其他目标 | 关键责任人 |
| --- | --- | --- | --- | --- |
| 市场目标 | 电子 | | | |
| | 消费品 | | | |
| | …… | | | |
| 利润目标 | 产品 1 | | | |
| | 产品 2 | | | |
| | …… | | | |
| 服务能力 | 交付 | | | |
| | 品质 | | | |
| | …… | | | |

表 2-5　营销策略达成绩效评定表

| 策略模块 | 细分领域 | 达成目标 | 实际达成 | 考评得分 | 考评人 |
| --- | --- | --- | --- | --- | --- |
| 市场目标 | 电子 | | | | |
| | 消费品 | | | | |
| | …… | | | | |
| 利润目标 | 产品 1 | | | | |
| | 产品 2 | | | | |
| | …… | | | | |
| 服务能力 | 交付 | | | | |
| | 品质 | | | | |
| | …… | | | | |

（2）营销预算制定与修改流程。

营销战略目标明确之后，根据战略目标就可以确定要投入的营销资源计划了，通常营销资源投入计划称为营销预算管理，这个预算包括销售目标、营销人力、管理费用、销售费用等的开支预算，制定好预算后便于在后续的开支中有据可依，而不是无目的地开销，浪费公司资源。

很多公司在制定预算时陷入一个误区，总想着少花钱，少花钱是没错，但是更要注意的是不要乱花钱。钱要花得值，资源投入后如果能达到产出要求，那么钱就应该花，这才是预算管理的目的。

①流程架构卡，如表2－6所示。

**表2－6　营销预算制定与修改流程架构卡**

| 流程名称 | 营销预算制定与修改流程 | 流程层级 | L2 | 流程编码 | |
|---|---|---|---|---|---|
| 流程目的 | 根据营销战略制定营销资源投入计划 | | | | |
| 流程责任人 | 市场部总监 | 上一层架构 | 管理市场 | | |
| 下一层流程 | 营销分类费用预算制定与实施 | | | | |
| 流程输入 | 营销模块战略 | | | | |
| 流程输出 | 营销预算计划 | | | | |
| 流程起点 | 营销战略发布 | | | | |
| 流程终点 | 营销预算发布 | | | | |
| 流程度量指标 | 营销预算偏差率 | | | | |

②流程示意图，如图2－4所示。

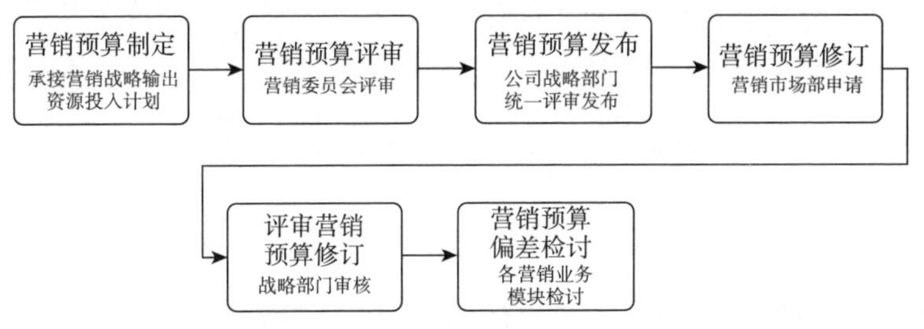


**图2－4　营销预算制定与修改流程示意图**

③流程活动节点说明。

流程示意图表达了营销预算从制定到决策发布，再到过程修订与最终检讨的流程过程，其流程目的就是保障预算有控制，不乱花，并对最终预算控制的结果进行检讨。下面来看看表2－7的流程操作细节：

**表2－7 营销预算制定与修改流程操作细节**

| 序号 | 活动角色 | 活动描述 | 时效 | 输入输出 |
|---|---|---|---|---|
| 01 | 市场部总监 | 每年根据公司统一时间要求组织团队收集营销各模块的预算方案，评审后汇总形成总的营销预算方案 | 一周 | 输入：营销经营战略<br>输出：营销预算初稿 |
| 02 | 营销委员会秘书长 | 组织召开营销委员会，对营销预算进行评审 | 一周 | 输入：营销预算初稿<br>输出：营销预算评审 |
| 03 | 战略总监 | 根据公司要求统一组织各模块的预算评审，并向公司最高决策层汇报评审结果，经同意后发布预算方案 | 一周 | 输入：营销预算评审<br>输出：营销预算生效发布 |
| 04 | 市场部总监 | 根据营销战略调整或市场变化情况适当调整预算，输出预算调整方案 | －－ | 输入：营销战略或市场变化<br>输出：营销预算调整方案申请 |
| 05 | 战略总监 | 组织团队对营销预算调整方案进行评审 | －－ | 输入：营销预算调整方案申请<br>输出：营销预算调整生效 |
| 06 | 市场部总监 | 每年年末组织各营销模块对年度营销预算支出效果与预算偏差率进行检讨 | 一周 | 输入：营销预算实际使用情况<br>输出：营销预算管控效果检讨 |

以上就是营销预算管控流程，预算在很多公司都是令人头痛的事情，很多部门将预算的制定视为战略部门的工作任务，这说明很多部门没有意识到预算的作用。本流程就是将预算同营销战略结合，将有限的资源投入到战略目标的达成中，同时对预算的支出进行过程控制，及时调整、修订，保障预算真正起作用。

④流程相关表格，如表 2－8 所示。

**表 2－8　营销预算编制表**

| 预算科目 | 预算总金额 | 占比 | Q1 | Q2 | Q3 | Q4 |
|---|---|---|---|---|---|---|
| 市场费用 | | | | | | |
| 管理分摊 | | | | | | |
| 人员工资 | | | | | | |
| 差旅费用 | | | | | | |
| 培训费用 | | | | | | |
| 资产折旧 | | | | | | |
| 其他 | | | | | | |
| 总金额 | | | | | | |

（3）客户分级分类管理流程。

营销模块的整体管控，客户是公司的核心资源，如何在日常工作中服务好客户？首先需要对客户进行识别，并对不同的客户进行分类资源投入与日常管理，这样才能保证真正服务好客户，达成公司预定的战略目标。

①流程架构卡，如表 2－9 所示。

**表 2－9　客户分级分类管理流程架构卡**

| 流程名称 | 客户分级分类管理流程 | 流程层级 | L2 | 流程编码 | |
|---|---|---|---|---|---|
| 流程目的 | 对客户进行统一分类管理，更好地服务客户 | | | | |
| 流程责任人 | 市场部总监 | 上一层架构 | 管理市场 | | |
| 下一层流程 | 分类客户管理流程 | | | | |
| 流程输入 | | | | | |
| 客户导入 | | | | | |
| 流程输出 | 客户分级分类管理规则 | | | | |

续表

| 流程起点 | 客户导入 |
|---|---|
| 流程终点 | 客户分级分类 |
| 流程度量指标 | 销售目标达成率、客户满意度 |

②流程示意图，如图2－5所示。

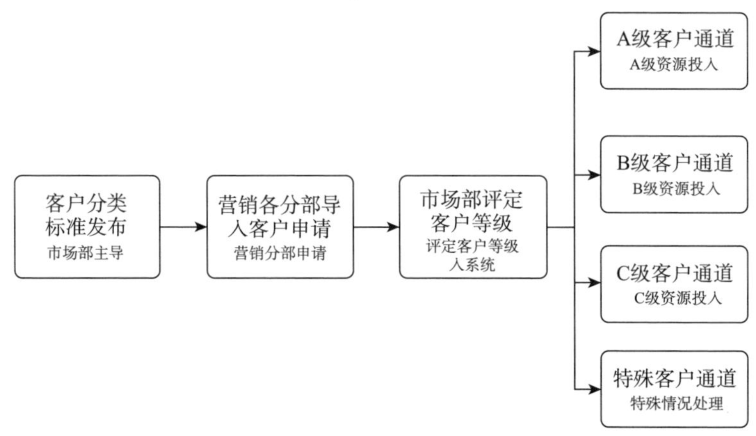


**图2－5　客户分级分类管理流程示意图**

客户的分类标准及不同级别的客户应该是什么样的服务流程，应该根据各公司的实际情况制定。

③流程活动节点说明，如表2－10所示。

**表2－10　客户分级分类管理流程活动节点说明**

| 序号 | 活动角色 | 活动描述 | 时效 | 输入输出 |
|---|---|---|---|---|
| 01 | 市场部总监 | 组织团队制定客户分级标准，并组织研讨评审后发布 | －－ | 输入：营销经营战略<br>输出：客户分级分类标准 |
| 02 | 各营销分部销售人员 | 收集客户信息导入到系统进行客户等级申请 | 一周 | 输入：客户导入申请<br>输出：客户等级申请 |

续表

| 序号 | 活动角色 | 活动描述 | 时效 | 输入输出 |
|---|---|---|---|---|
| 03 | 市场部客户管理经理 | 根据客户导入申请资料，结合客户分类分级标准对客户的级别进行判定 | 一周 | 输入：客户等级申请<br>输出：客户等级判定 |
| 04 | 各子流程 | 根据不同级别的客户进入不同的子流程，对客户的日常服务工作进行维护<br>对于特殊客户，暂时不能判定级别的走特殊客户服务流程 | -- | 输入：客户等级判定<br>输出：不同级别的客户服务 |

客户分级分类的子流程将在营销其他模块中体现，核心思想就是优质客户投入公司的核心资源，确保提升大客户的满意度，而对其他客户也有明确的服务标准，确保不同级别的每一个客户都能享受到对等的客户服务。

④流程相关表格，如表 2－11 所示。

**表 2－11　客户导入申请表**

| 客户名称 | | 所属行业 | | | |
|---|---|---|---|---|---|
| 注册资金 | | 行业地位 | | | |
| 客户等级 | | 预计年销售额 | | | |
| 客户代码 | | | | | |
| 纳税信息 | | | | | |
| 其他资料 | | | | | |
| 申请人 | | 审核 | | 批准 | |

（4）销售绩效考核流程。

绩效考核作为战略落地地图中的核心管理要素，是非常重要的模块，在业务架构中作为支撑市场目标达成的激励流程，要保障销售人员的工作积极性，并且这个流程的设计要充分体现战略要求与绩效管理的核心原则。

①流程架构卡，如表 2－12 所示。

**表 2－12 销售绩效考核流程架构卡**

| 流程名称 | 销售绩效考核流程 | 流程层级 | L2 | 流程编码 | |
|---|---|---|---|---|---|
| 流程目的 | 规范销售绩效考核工作，激励销售人员达成市场目标 | | | | |
| 流程责任人 | 市场部总监 | 上一层架构 | 管理市场 | | |
| 下一层流程 | 销售子模块绩效目标达成考核流程 | | | | |
| 流程输入 | 销售目标达成情况 | | | | |
| 流程输出 | 销售达成绩效激励 | | | | |
| 流程起点 | 销售达成检讨 | | | | |
| 流程终点 | 销售达成激励落地 | | | | |
| 流程度量指标 | 绩效考核计划达成率 | | | | |

②流程示意图，如图 2－6 所示。

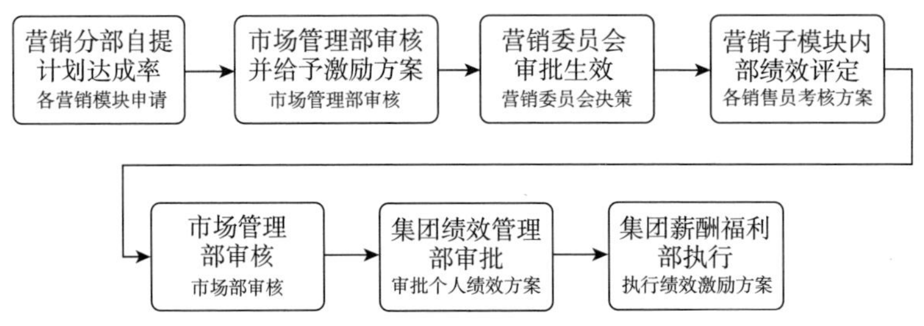


**图 2－6 销售绩效考核流程示意图**

我们认为，绩效考核的原则是首先考核各组织是否达成了战略目标，在此基础上再展开销售人员个人的绩效考核方案，最后执行绩效考核方案。这样可以将战略目标同每个销售人员的销售目标紧密结合，有助于营销战略目标的达成。

③流程活动节点说明，如表 2－13 所示。

**表 2－13　绩效考核流程活动节点说明**

| 序号 | 活动角色 | 活动描述 | 时效 | 输入输出 |
|---|---|---|---|---|
| 01 | 营销分部负责人 | 根据考核周期的销售目标提报达成情况 | 一周 | 输入：考核周期销售业绩<br>输出：考核周期销售目标达成情况 |
| 02 | 市场部绩效经理 | 审核各营销分部的销售目标达成情况 | 8H | 输入：销售目标达成情况<br>输出：审核后的销售绩效考核得分 |
| 03 | 营销委员会秘书长 | 组织营销委员会对销售业绩及其他方面的销售业务进行考核打分 | 一周 | 输入：销售绩效考核得分<br>输出：审批后的各模块组织绩效考核得分 |
| 04 | 各营销模块负责人 | 统一提报自己分管模块的销售人员绩效达成情况并提报自评得分 | 一周 | 输入：各模块组织绩效考核得分<br>输出：各模块销售人员绩效得分 |
| 05 | 市场部绩效管理经理 | 核对实际销售达成情况与得分是否相匹配 | 3 天 | 输入：各模块销售人员得分<br>输出：审核各模块销售人员得分 |
| 06 | 战略部绩效管理经理 | 统一审批各模块组织与销售人员绩效得分并给出绩效考核激励方案 | 一周 | 输入：各模块组织与销售人员绩效得分<br>输出：复核绩效得分，输出绩效考核激励方案 |
| 07 | 薪酬福利部经理 | 执行审批后的绩效考核激励方案 | 一周 | 输入：销售绩效考核激励方案<br>输出：执行销售绩效考核激励方案 |

④流程相关表格，如表 2－14 所示。

**表 2－14　销售绩效考核表**

| 被考核部门 | 考核内容 | 考核权重 | 考核目标 | 实际达成 |
|---|---|---|---|---|
| | 销售目标 | | | |
| | 利润目标 | | | |
| | 关键市场任务 | | | |
| | …… | | | |

### 2. 管理线索流程设计

管理线索的流程比较简单，规划流程清单如表 2－15 所示。

**表 2－15　管理线索的流程**

| 业务模块 | 一级流程 | 子流程 |
|---|---|---|
| 管理线索 | 线索录入审批流程 | 无 |
| | 线索转换机会立项流程 | 无 |

（1）线索录入审批流程。

线索的录入审批流程比较简单，但是设置这个流程的目的是为了避免资源重复投入，在发现市场机会的前期集中公司的核心资源形成合力，争取将线索转换为订单的机会。

①流程架构卡，如表 2－16 所示。

**表 2－16　线索录入审批流程架构卡**

| 流程名称 | 线索录入审批流程 | 流程层级 | L2 | 流程编码 | |
|---|---|---|---|---|---|
| 流程目的 | 规范销售商机，整合资源，合力争取订单 | | | | |
| 流程责任人 | 市场部总监 | 上一层架构 | 管理线索 | | |
| 下一层流程 | 无 | | | | |

续表

| 流程输入 | 销售线索 |
|---|---|
| 流程输出 | 销售线索孵化 |
| 流程起点 | 录入线索 |
| 流程终点 | 销售线索转机会或线索关闭 |
| 流程度量指标 | 线索转换成功率 |

②流程示意图，如图 2－7 所示。

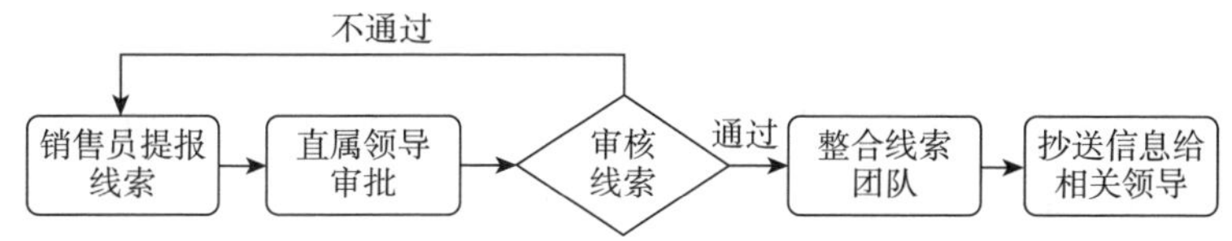


**图 2－7 管理线索流程示意图**

该流程主要是规范线索录入，如果有几个人都在跟踪该线索，那么就整合成线索团队，形成合力争取订单，并在整合后将信息推送给相关领导。

③流程活动节点说明，如表 2－17 所示。

**表 2－17 管理线索流程活动节点说明**

| 序号 | 活动角色 | 活动描述 | 时效 | 输入输出 |
|---|---|---|---|---|
| 01 | 销售人员 | 根据市场上掌握的线索录入系统，根据系统要求录入相关信息 | －－ | 输入：市场商机<br>输出：录入线索 |
| 02 | 直属领导 | 审批线索录入结果 | 8H | 输入：录入线索<br>输出：审批录入线索 |
| 03 | 市场部线索专员 | 审核线索是否重复录入，如有重复录入，则合并到线索团队，同时对线索合规性进行审核，不合规则退回 | 8H | 输入：审批录入线索<br>输出：审批录入线索并整合线索团队 |
| 04 | IT 系统 | 系统自动抄送信息给相关领导与业务人员 | 1H | 输入：线索团队整合<br>输出：线索信息抄送 |

④流程相关表格，如表 2－18 所示。

**表 2－18　线索导入申请表**

| 客户名称 | | 所属行业 | | |
|---|---|---|---|---|
| 线索描述 | | | | |
| 客户关键联系人 | | 线索培育周期 | | |
| 线索责任人 | | 线索协助人 | | |
| 申请人 | | 审核 | | 批准 |

（2）线索转机会立项流程。

线索跟踪到一定程度后就要考虑转立项机会，要达到立项需要满足固定的条件，比如客户有打样需求了、可以报价了、可以准备招投标资料了等。这个阶段，不能仅靠线索团队，因为线索团队基本是营销相关人员，这时候需要产品开发、交付品质技术等团队人员的参与才能更好地争取订单，要对线索转机会立项流程做规范要求。

①流程架构卡，如表 2－19 所示。

**表 2－19　线索转机会立项流程架构卡**

| 流程名称 | 线索转机会立项流程 | 流程层级 | L2 | 流程编码 | |
|---|---|---|---|---|---|
| 流程目的 | 规范线索转销售项目立项流程，提高线索转换成功率 | | | | |
| 流程责任人 | 市场部总监 | 上一层架构 | 管理线索 | | |
| 下一层流程 | 无 | | | | |
| 流程输入 | 线索转机会项目立项申请 | | | | |
| 流程输出 | 成立销售机会项目团队 | | | | |
| 流程起点 | 销售线索孵化 | | | | |
| 流程终点 | 成立销售项目 | | | | |
| 流程度量指标 | 线索转换成功率 | | | | |

②流程示意图，如图2-8所示。

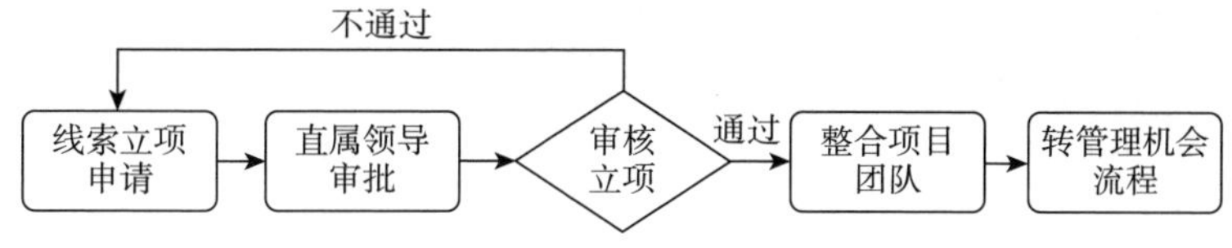


**图2-8　线索录入审批流程示意图**

③流程活动节点说明，如表2-20所示。

**表2-20　线索转机会立项流程活动节点说明**

| 序号 | 活动角色 | 活动描述 | 时效 | 输入输出 |
| --- | --- | --- | --- | --- |
| 01 | 销售人员 | 根据线索培育孵化的情况，发起销售机会立项申请 | -- | 输入：线索培育孵化<br>输出：销售机会立项申请 |
| 02 | 直属领导 | 审批销售机会立项申请 | 8H | 输入：销售机会立项申请<br>输出：审批销售机会立项申请 |
| 03 | 市场部线索专员 | 审批线索是否达到立项条件，否则予以退回，达到要求后则同线索责任人一起组建项目团队，指定项目经理，并发布到系统中 | 8H | 输入：审批销售机会立项<br>输出：审批立项并组建项目团队 |
| 04 | 子流程 | 项目团队组建成功后进入管理机会流程 | -- | 输入：销售项目团队<br>输出：进入管理机会流程 |

④流程相关表格，如表2-21所示。

**表2-21　线索转机会立项申请表**

| 客户名称 | | 所属行业 | |
| --- | --- | --- | --- |
| 线索描述 | | | |
| 线索转机会申请陈述 | | | |

续表

<table>
<tr><td>是否签订意向合同</td><td></td><td>是否有打样订单</td><td colspan="3"></td></tr>
<tr><td>立项资源申请</td><td colspan="5">（团队、预算等资源需求申请）</td></tr>
<tr><td>申请人</td><td></td><td>审核</td><td></td><td>批准</td><td></td></tr>
</table>

### 3. 管理机会流程设计

管理机会点意味着销售项目进入攻坚阶段，这个阶段最重要的是整合公司资源，形成合力服务好客户，尽量满足客户的需求。根据业务范围整理出管理机会的流程规划清单如表 2－22 所示。

**表 2－22　管理机会的流程规划清单**

| 业务模块 | 一级流程 | 子流程 |
|---|---|---|
| 管理机会 | 产品开发项审批流程 | |
| | 报价管理流程 | 分类报价管控标准 |
| | 招投标管理流程 | 分类业务招投标规范 |
| | 销售项目激励流程 | |

（1）产品开发立项审批流程。

在管理线索模块中已经组建了销售项目团队，但是产品开发还需要成立一个由研发模块主导的产品开发项目。严格来说，这个项目管理流程属于后面章节中要介绍的 IPD（集成产品开发）模块中的流程，在营销模块中不涉及产品开发项目流程如何运作，只对产品开发项目进行审批，立项审批完成后交接给研发模块的对接人，然后启动对应的 IPD 流程。

①流程架构卡，如表 2－23 所示。

**表 2－23　产品开发立项审批流程架构卡**

| 流程名称 | 产品开发立项审批流程 | 流程层级 | L2 | 流程编码 | |
|---|---|---|---|---|---|
| 流程目的 | 规范产品开发立项，明确项目目标 | | | | |
| 流程责任人 | 研发项目部总监 | 上一层架构 | 管理机会 | | |
| 下一层流程 | 无 | | | | |
| 流程输入 | 销售项目立项 | | | | |
| 流程输出 | 产品开发立项 | | | | |
| 流程起点 | 产品开发立项申请 | | | | |
| 流程终点 | 产品开发立项审批通过并组建项目团队 | | | | |
| 流程度量指标 | 项目目标达成率 | | | | |

②流程示意图，如图 2－9 所示。

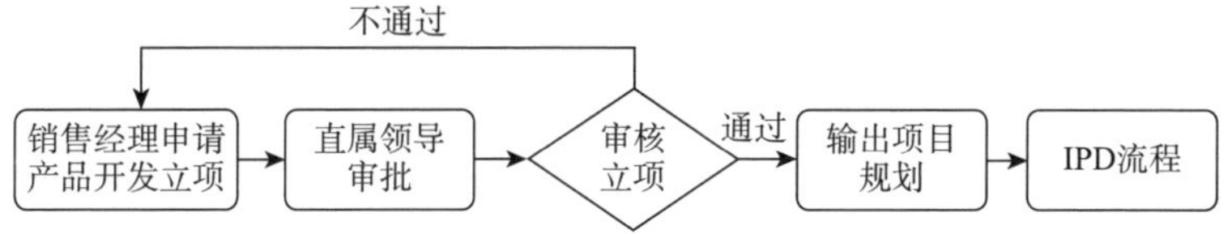


**图 2－9　产品开发立项流程示意图**

③流程活动节点说明，如表 2－24 所示。

**表 2－24　产品开发立项流程活动节点说明**

| 序号 | 活动角色 | 活动描述 | 时效 | 输入输出 |
|---|---|---|---|---|
| 01 | 销售项目经理 | 整理产品开发要求，明确提出开发目标，发起产品开发立项申请 | 8H | 输入：产品开发需求<br>输出：产品开发立项申请 |

续表

| 序号 | 活动角色 | 活动描述 | 时效 | 输入输出 |
| --- | --- | --- | --- | --- |
| 02 | 直属领导 | 审批产品开发立项申请 | 8H | 输入：产品开发立项申请<br>输出：审批产品开发立项申请 |
| 03 | 研发项目部总监 | 审批立项要求是否清楚，如果信息不清楚则退回，审批通过则任命产品开发项目经理 | 8H | 输入：产品开发立项申请<br>输出：审批立项并任命产品开发项目经理 |
| 04 | 产品开发项目经理 | 组建项目团队，输出项目规划 | 8H | 输入：审批立项并任命产品开发项目经理<br>输出：产品开发项目规划 |

这个流程是营销模块同研发模块的串接流程，虽然简单，却起到非常重要的桥梁作用，是一个非常重要的流程。

④流程相关表格，如表2－25所示。

**表2－25　机会点立项规划表**

| 项目客户 | | 关键需求 | | | |
| --- | --- | --- | --- | --- | --- |
| 项目目标 | | | | | |
| 项目团队 | | | | | |
| 项目进度 | | | | | |
| 申请人 | | 审核 | | 批准 | |

（2）报价管理流程。

①流程架构卡，如表2－26所示。

**表2－26　报价管理流程架构卡**

| 流程名称 | 报价管理流程 | 流程层级 | L2 | 流程编码 | |
| --- | --- | --- | --- | --- | --- |
| 流程目的 | 规范产品报价 | | | | |

续表

| 流程责任人 | 市场部总监 | 上一层架构 | 管理机会 |
|---|---|---|---|
| 下一层流程 | 分类产品报价标准 | | |
| 流程输入 | 报价工作任务 | | |
| 流程输出 | 审批后的产品报价 | | |
| 流程起点 | 报价任务 | | |
| 流程终点 | 审批后的报价 | | |
| 流程度量指标 | 产品利润率 | | |

②流程示意图，如图 2－10 所示。

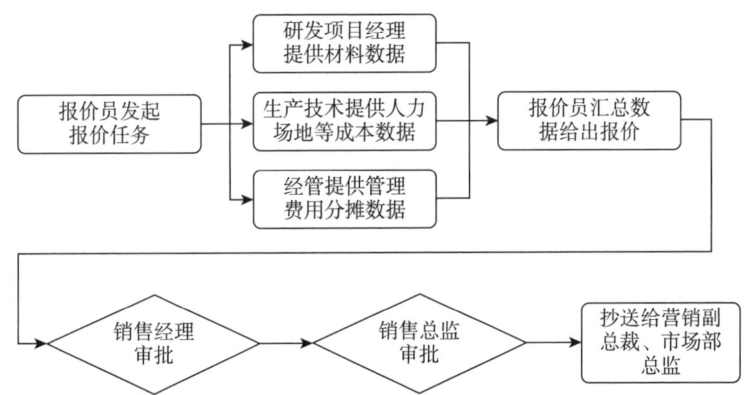


**图 2－10　报价管理流程示意图**

③流程活动节点说明，如表 2－27 所示。

**表 2－27　报价管理流程活动节点说明**

| 序号 | 活动角色 | 活动描述 | 时效 | 输入输出 |
|---|---|---|---|---|
| 01 | 报价员 | 根据销售项目经理的安排，发起报价任务，收集报价资料 | 8H | 输入：报价工作任务<br>输出：报价资料收集 |

续表

| 序号 | 活动角色 | 活动描述 | 时效 | 输入输出 |
|---|---|---|---|---|
| 02A | 产品开发项目经理 | 根据报价员的要求提供产品的材料与工艺方面的研发技术资料 | 8H | 输入：报价资料收集<br>输出：研发相关报价资料提供 |
| 02B | 生产技术经理 | 根据报价员的要求提供直接生产成本的相关数据 | 8H | 输入：报价资料收集<br>输出：生产相关的直接成本数据 |
| 02C | 经管经理 | 根据报价员的要求提供管理分摊等方面的运营成本数据 | 8H | 输入：报价资料收集<br>输出：管理分摊等运营费用 |
| 03 | 报价员 | 根据收集到的数据结合公司利润要求给出合理的产品报价 | 8H | 输入：报价资料收集完成<br>输出：报价初稿 |
| 04 | 销售项目经理 | 复核报价员的报价初稿 | 8H | 输入：报价初稿<br>输出：复核报价 |
| 05 | 销售总监 | 审批报价员的报价 | 8H | 输入：复核报价<br>输出：审批报价 |
| 06 | IT 系统 | 将报价信息抄送给相关领导 | -- | 输入：审批报价<br>输出：报价信息传递 |

报价流程作为管理机会模块中的一个核心业务，要在产品利润率与市场竞争力中取得平衡，就要遵循先有标准报价，然后再审批的流程设计逻辑。另外，针对不同产品的报价应该有一套标准规范，这需要根据企业的实际情况来定。

④流程相关表格，如表 2－28 所示。

**表 2－28　报价申请表**

| 客户 | 产品名称 | 物料编码 | 规格型号 | 材料成本 | 制造成本 | 管理费用 | 利润率 | 最终报价 |
|---|---|---|---|---|---|---|---|---|
| | | | | | | | | |
| | | | | | | | | |
| | | | | | | | | |
| | | | | | | | | |
| | | | | | | | | |
| 编制 | | | 审核 | | | 批准 | | |

（3）招投标管理流程。

招投标是营销模块的一个重要流程，这是取得订单的关键一步，为了规范流程的同时提升招投标的成功率，有必要对流程进行合理设计。

①流程架构卡，如表 2－29 所示。

**表 2－29　招投标管理流程架构卡**

| 流程名称 | 招投标管理流程 | 流程层级 | L2 | 流程编码 | |
|---|---|---|---|---|---|
| 流程目的 | 规范招投标工作，提升投标成功率 | | | | |
| 流程责任人 | 市场部总监 | 上一层架构 | 管理机会 | | |
| 下一层流程 | 分类客户与产品招投标作业规范 | | | | |
| 流程输入 | 招投标相关资料 | | | | |
| 流程输出 | 完成招投标工作 | | | | |
| 流程起点 | 发起招投标工作任务 | | | | |
| 流程终点 | 招投标结果反馈 | | | | |
| 流程度量指标 | 招投标成功率 | | | | |

②流程示意图，如图 2－11 所示。

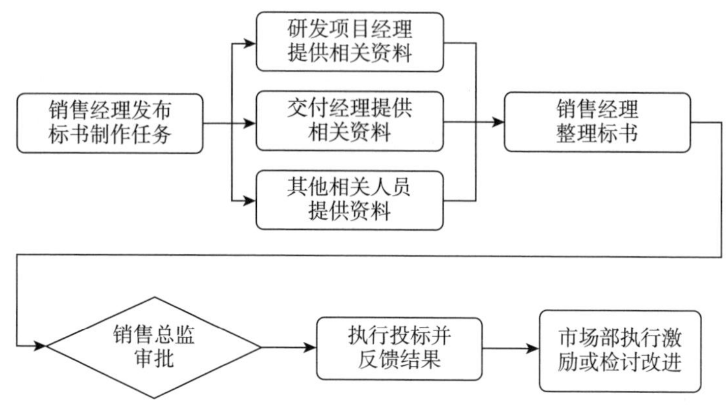


**图 2－11 招投标管理流程示意图**

③流程活动节点说明，如表 2－30 所示。

**表 2－30 招投标管理流程活动节点说明**

| 序号 | 活动角色 | 活动描述 | 时效 | 输入输出 |
|---|---|---|---|---|
| 01 | 销售项目经理 | 根据销售项目进展启动标书制作任务 | 8H | 输入：销售项目进展需求标书<br>输出：标书制作任务发布 |
| 02A | 产品开发项目经理 | 根据标书制作任务需求完成工作任务 | 8H | 输入：标书制作任务<br>输出：完成归属模块的制作任务 |
| 02B | 交付经理 | 根据标书制作任务需求完成工作任务 | 8H | 输入：标书制作任务<br>输出：完成归属模块的制作任务 |
| 02C | 综合模块负责人 | 根据标书制作任务需求完成工作任务 | 8H | 输入：标书制作任务<br>输出：完成归属模块的制作任务 |
| 03 | 销售项目经理 | 汇总收到的标书任务，整理出符合公司与客户要求的标书 | 8H | 输入：标书资料收集完成<br>输出：标书初稿 |

续表

| 序号 | 活动角色 | 活动描述 | 时效 | 输入输出 |
|---|---|---|---|---|
| 04 | 销售总监 | 审核标书 | 8H | 输入：标书初稿<br>输出：审核标书 |
| 05 | 销售项目经理 | 执行投标并对招投标结果反馈 | 8H | 输入：审核标书<br>输出：执行投标与反馈结果 |
| 06 | 市场部总监 | 组织团队对招投标结果进行激励，并组织检讨分析 | -- | 输入：执行投标与反馈结果<br>输出：招投标结果激励与检讨改进 |

④流程相关表格，如表2-31所示。

**表2-31 招投标结果反馈表**

| 投标客户 | | 投标时间 | | | |
|---|---|---|---|---|---|
| 是否中标 | | | | | |
| 成功原因 | | | | | |
| 失败原因 | | | | | |
| 改进措施 | | | | | |
| 责任人 | | 责任人上级 | | 营销副总裁 | |

（4）销售项目激励流程。

在销售项目进展到招投标后，一般能明确订单情况了。如果接到首批订单，那么就要对原来的销售项目团队进行激励；如果失败，也要组织检讨分析改进，便于下一个销售项目取得成功。

①流程架构卡，如表 2－32 所示。

**表 2－32 销售项目激励流程架构卡**

| 流程名称 | 销售项目激励流程 | 流程层级 | L2 | 流程编码 | |
|---|---|---|---|---|---|
| 流程目的 | 对销售项目取得首批订单的节点进行激励，鼓励市场开拓 | | | | |
| 流程责任人 | 市场部总监 | 上一层架构 | 管理机会 | | |
| 下一层流程 | 无 | | | | |
| 流程输入 | 销售项目在机会点阶段达成目标 | | | | |
| 流程输出 | 销售项目团队激励或考核方案 | | | | |
| 流程起点 | 销售项目取得首批订单 | | | | |
| 流程终点 | 执行销售项目激励与考核 | | | | |
| 流程度量指标 | 销售项目目标达成率 | | | | |

②流程示意图，如图 2－12 所示。

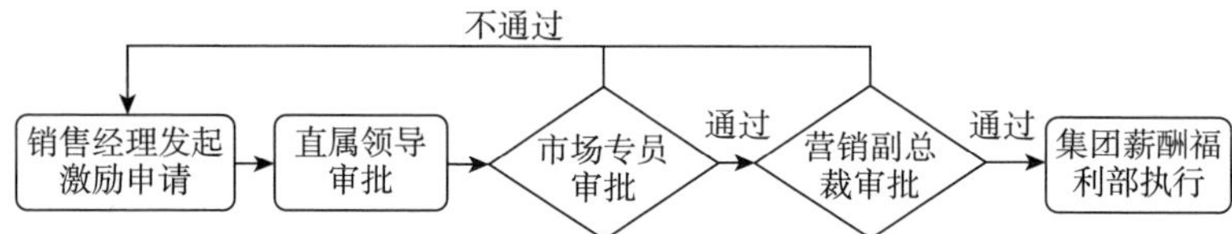


**图 2－12 销售项目激励流程示意图**

③流程活动节点说明，如表 2－33 所示。

**表 2－33 销售项目激励流程活动节点说明**

| 序号 | 活动角色 | 活动描述 | 时效 | 输入输出 |
|---|---|---|---|---|
| 01 | 销售项目经理 | 接到客户首批订单后提报销售激励考核方案，提报方案要参考销售项目考核激励标准文件 | 8H | 输入：销售项目取得首批订单<br>输出：销售团队激励方案申请 |

续表

| 序号 | 活动角色 | 活动描述 | 时效 | 输入输出 |
|---|---|---|---|---|
| 02 | 销售经理直属领导 | 审批销售项目激励方案 | 8H | 输入：销售团队激励方案申请<br>输出：销售团队激励方案审批 |
| 03 | 市场部绩效专员 | 审核首批订单情况及销售经理提报的方案，是否符合公司激励标准 | 8H | 输入：销售团队激励方案审批<br>输出：销售激励方案复核 |
| 04 | 营销副总裁 | 营销激励方案终审 | 8H | 输入：销售激励方案复核<br>输出：销售激励方案审批 |
| 05 | 薪酬福利经理 | 执行激励考核方案 | 8H | 输入：销售激励方案审批<br>输出：销售激励方案执行 |

以上激励只是针对拿到首批订单后的激励，在后面管理合同阶段，当订单量达到一定标准的时候还会有激励方案，前面线索阶段也可以给予适当的激励，可以参考这个激励流程来执行。但是流程只是一方面，更重要的是把激励的标准制定清楚，比如根据客户级别、订单大小等制定不同的激励标准。

④流程相关表格，如表 2－34 所示。

**表 2－34　销售项目达成激励申请表**

<table>
<tr><td>客户名称</td><td colspan="2"></td><td>销售产品</td><td colspan="2"></td></tr>
<tr><td>销售目标</td><td colspan="2"></td><td>实际达成</td><td colspan="2"></td></tr>
<tr><td>利润目标</td><td colspan="2"></td><td>实际达成</td><td colspan="2"></td></tr>
<tr><td>项目团队</td><td colspan="5"></td></tr>
<tr><td>项目成员激励方案</td><td colspan="5"></td></tr>
<tr><td>申请人</td><td></td><td>审核</td><td></td><td>审批</td><td></td></tr>
</table>

### 4. 管理合同流程设计

客户下达订单后，后面的交付是更重要的考验。如果这个阶段交付出现问题，以后可能就没有订单了，因此非常有必要对订单的履行进行流程规范。我们将这个模块定义为管理合同，因为一般情况下，客户会同我们签订订单合同，也会有一些协议合同，比如保密条款、品质标准等。

流程规划清单如表 2－35 所示。

**表 2－35　管理合同流程规划清单**

| 业务模块 | 一级流程 | 子流程 |
| --- | --- | --- |
| 管理合同 | 销售计划维护流程 | 三级计划制度 |
| | 销售订单处理流程 | 分类订单处理流程 |
| | 销售退货管理流程 | |
| | 应收款管理流程 | |

管理合同主要分为销售计划维护、订单处理、退货管理、应收款管理四个核心流程，维护好这四个核心流程，基本就能保证订单合同顺利执行了。下面我们通过案例来逐一介绍这四个流程。

（1）销售计划维护流程。

为了保证多个销售项目的交付能顺利实现，必须统一维护销售的订单计划，根据客户分级分类及实际订单的交期定期维护销售计划，给供应链模块发出统一的销售需求，这样也便于后端供应链模块的操作。

①流程架构卡，如表 2-36 所示。

**表 2-36 销售计划维护流程架构卡**

| 流程名称 | 销售计划维护流程 | 流程层级 | L2 | 流程编码 | |
|---|---|---|---|---|---|
| 流程目的 | 规范销售需求 | | | | |
| 流程责任人 | 营销副总裁 | 上一层架构 | 管理合同 | | |
| 下一层流程 | 无 | | | | |
| 流程输入 | 销售订单下达 | | | | |
| 流程输出 | 统一销售需求 | | | | |
| 流程起点 | 销售订单下达 | | | | |
| 流程终点 | 输出汇总销售需求 | | | | |
| 流程度量指标 | 需求准确率 | | | | |

②流程示意图，如图 2-13 所示。

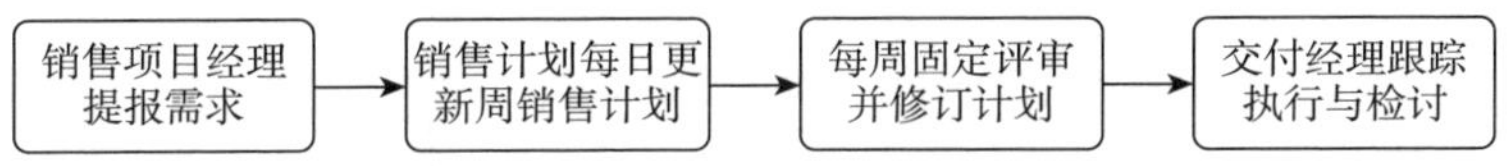


**图 2-13 销售计划维护流程示意图**

③流程活动节点说明，如表 2-37 所示。

**表 2-37 销售计划维护流程活动节点说明**

| 序号 | 活动角色 | 活动描述 | 时效 | 输入输出 |
|---|---|---|---|---|
| 01 | 销售项目经理 | 根据客户提供的订单或需求预测提报销售需求 | 4H | 输入：客户订单需求<br>输出：销售订单 |
| 02 | 销售计划 | 统一汇总销售计划，并每日更新 | 4H | 输入：销售订单<br>输出：每日销售计划更新 |

续表

| 序号 | 活动角色 | 活动描述 | 时效 | 输入输出 |
| --- | --- | --- | --- | --- |
| 03 | 销售计划 | 统一组织需求评审会议，确定销售出货计划 | 每周 | 输入：销售计划更新<br>输出：评审后的销售计划 |
| 04 | 交付经理 | 跟踪销售计划，对销售计划达成情况进行激励或检讨改进 | 每周 | 输入：评审后的销售计划<br>输出：销售计划达成激励或检讨 |

④流程相关表格，如表 2－38 所示。

**表 2－38　月销售计划汇总表**

| 客户名称 | 客户代码 | 订单编号 | 需求数量 | 交付时间 | 备注 |
| --- | --- | --- | --- | --- | --- |
| | | | | | |
| | | | | | |
| | | | | | |
| | | | | | |

（2）销售订单处理流程。

销售计划维护后就涉及单个订单的处理，这个流程主要规范不同部门的岗位串接，确保订单流程规范运行。

①流程架构卡，如表 2－39 所示。

**表 2－39　销售订单处理流程架构卡**

<table>
<tr><td>流程名称</td><td>销售订单处理流程</td><td>流程层级</td><td>L2</td><td>流程编码</td><td></td></tr>
<tr><td>流程目的</td><td colspan="5">规范销售订单的处理</td></tr>
<tr><td>流程责任人</td><td>营销副总裁</td><td>上一层架构</td><td colspan="3">管理合同</td></tr>
<tr><td>下一层流程</td><td colspan="5">分类订单处理流程</td></tr>
<tr><td>流程输入</td><td colspan="5">客户合同订单</td></tr>
</table>

续表

| 流程输出 | 订单交付 |
|---|---|
| 流程起点 | 客户订单下达 |
| 流程终点 | 订单出货开票立账 |
| 流程度量指标 | 订单达成率 |

②流程示意图，如图 2－14 所示。

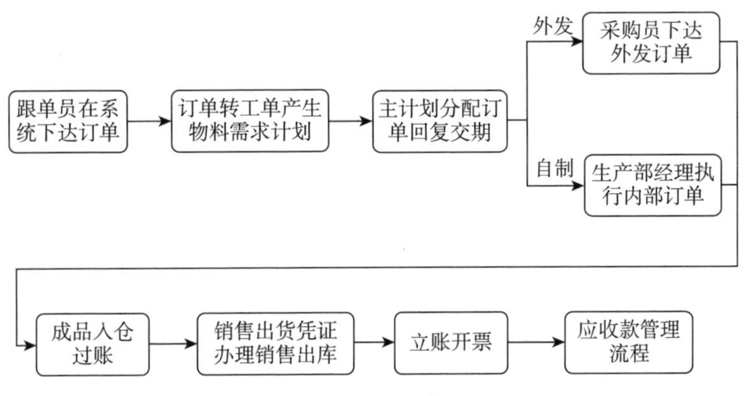


**图 2－14 销售订单处理流程示意图**

③流程活动节点，如表 2－40 所示。

**表 2－40 销售订单处理流程活动节点**

| 序号 | 活动角色 | 活动描述 | 时效 | 输入输出 |
|---|---|---|---|---|
| 01 | 跟单员 | 根据收到的客户订单在 ERP 系统内下达订单 | 2H | 输入：客户订单<br>输出：系统订单下达 |
| 02 | 物控员 | 根据客户订单匹配 BOM 展开内部工单与物料需求计划 | 8H | 输入：系统订单<br>输出：内部工单与物料需求计划 |
| 03 | 主计划 | 根据客户分类与订单交期制定出工单加工计划，分配工单是自制还是外发 | 8H | 输入：内部工单<br>输出：工单加工计划 |

续表

| 序号 | 活动角色 | 活动描述 | 时效 | 输入输出 |
| --- | --- | --- | --- | --- |
| 04A | 采购员 | 负责外发加工的工单，下达外发采购订单并跟踪交付过程 | -- | 输入：工单加工计划<br>输出：外发采购订单 |
| 04B | 生产部经理 | 执行内部加工工单 | -- | 输入：工单加工计划<br>输出：执行内部工单加工 |
| 05 | 仓管员 | 对接工单加工入库过账工作 | 4H | 输入：工单加工完成<br>输出：工单入库操作 |
| 06 | 物流员 | 根据销售出货与客户签收信息办理客户订单销售出货 | 4H | 输入：工单入库<br>输出：客户订单销售出货 |
| 07 | 财务专员 | 根据客户订单、销售出货凭证办理销售立账开票 | 8H | 输入：客户订单销售出货<br>输出：销售出货立账开票 |

④流程相关表格，如表2-41至表2-44所示。

**表2-41 客户订单系统下达表**

| 客户代码 | 客户名称 | 订单编号 | 产品型号 | 产品编码 | 需求数量 | 交付时间 | 送货地址 | 备注 |
| --- | --- | --- | --- | --- | --- | --- | --- | --- |
| | | | | | | | | |
| | | | | | | | | |
| | | | | | | | | |
| | | | | | | | | |
| | | | | | | | | |

表 2-42 物料需求计划表

| 物料名称 | 物料编码 | 需求数量 | 对应订单 | 库存 | 采购在途 | 余料进度规划 | 备注 |
|---|---|---|---|---|---|---|---|
| | | | | | | | |
| | | | | | | | |
| | | | | | | | |
| | | | | | | | |
| | | | | | | | |
| | | | | | | | |

表 2-43 工单加工计划表

| 工单编号 | 产品名称 | 产品编码 | 加工数量 | 加工类别 | 完成时间 | 加工责任人 | 备注 |
|---|---|---|---|---|---|---|---|
| | | | | | | | |
| | | | | | | | |
| | | | | | | | |
| | | | | | | | |

表 2-44 销售出货登记表

| 客户名称 | 订单编号 | 需求数量 | 出货时间 | 送货地址 | 送货人 | 送货凭证 | 立账信息 | 备注 |
|---|---|---|---|---|---|---|---|---|
| | | | | | | | | |
| | | | | | | | | |
| | | | | | | | | |

(3) 销售退货管理流程。

①流程架构卡，如表2-45所示。

**表2-45 销售退货管理流程架构卡**

| 流程名称 | 销售退货管理流程 | 流程层级 | L2 | 流程编码 | |
|---|---|---|---|---|---|
| 流程目的 | 销售退货，增强客户满意度并提升公司内部管理水平 | | | | |
| 流程责任人 | 营销副总裁 | 上一层架构 | 管理合同 | | |
| 下一层流程 | 分类物料退货操作规范 | | | | |
| 流程输入 | 客户退货要求 | | | | |
| 流程输出 | 给客户补货及检讨分析退货原因 | | | | |
| 流程起点 | 收到客户退货要求 | | | | |
| 流程终点 | 退货问题改善 | | | | |
| 流程度量指标 | 销售退货率、客户满意度 | | | | |

②流程示意图，如图2-15所示。

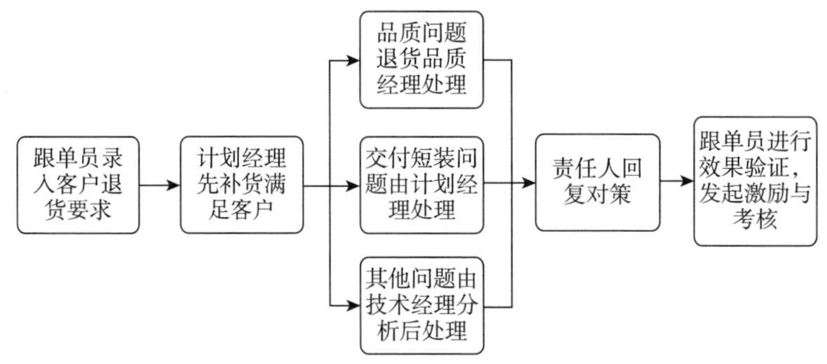


**图2-15 销售退货处理流程示意图**

销售退货处理要注意先满足客户的要求进行补货，然后再分析原因，责任人回复对策，这样才能提升客户满意度。同时，不能放过问题，需要对改善的效果进行跟踪，如果没有改善的要问责，避免再发生同样的问题。

③流程活动节点说明，如表 2－46 所示。

**表 2－46　销售退货处理流程活动节点说明**

| 序号 | 活动角色 | 活动描述 | 时效 | 输入输出 |
| --- | --- | --- | --- | --- |
| 01 | 跟单员 | 录入客户退货要求，给出补货需求 | 2H | 输入：客户退货要求<br>输出：补货需求 |
| 02 | 计划员 | 根据客户要求先安排补货 | 8H | 输入：补货需求<br>输出：执行补货 |
| 03A | 品质经理 | 对品质类的问题进行分析，给出责任人 | 4H | 输入：品质退货问题<br>输出：原因分析、责任人 |
| 03B | 计划经理 | 对交付问题进行分析，给出责任人 | 4H | 输入：交付退货问题<br>输出：原因分析、责任人 |
| 03C | 技术经理 | 对其他问题进行技术分析，给出原因与责任人 | 4H | 输入：其他退货问题<br>输出：原因分析、责任人 |
| 04 | 责任人 | 回复原因与改善对策 | 4H | 输入：原因分析、责任人<br>输出：问题改善对策 |
| 05 | 跟单员 | 跟踪改善对策是否落实，是否有产生实际效果，并针对效果给出激励与考核 | 8H | 输入：问题改善对策<br>输出：改善效果激励与考核 |

④流程相关表格，如表 2－47 所示。

**表 2－47　客户退货处理跟踪表**

| 客户名称 | | 客户代码 | | 退货订单 | | 退货数量 | |
| --- | --- | --- | --- | --- | --- | --- | --- |
| 退货原因 | 签字： | | | | | | |
| 补货处理 | 签字： | | | | | | |
| 原因分析 | 签字： | | | | | | |
| 责任人判定 | 签字： | | | | | | |

续表

| 客户名称 | | 客户代码 | | 退货订单 | | 退货数量 | |
|---|---|---|---|---|---|---|---|
| 责任人回复对策 | 签字： | | | | | | |
| 跟踪对策效果 | 签字： | | | | | | |

(4) 应收款管理流程。

应收款管理流程是 LTC 流程的回款环节，也是一个重要的流程，关系着企业运营的血液——资金流，对公司影响很大，很多公司就是因为资金周转问题而倒闭的，所以务必重视这个流程。

①流程架构卡，如表 2－48 所示。

**表 2－48 应收款管理流程架构卡**

| 流程名称 | 应收款管理流程 | 流程层级 | L2 | 流程编码 | |
|---|---|---|---|---|---|
| 流程目的 | 规范应收款管理，增加公司资金周转率 | | | | |
| 流程责任人 | 营销副总裁 | 上一层架构 | 管理合同 | | |
| 下一层流程 | 无 | | | | |
| 流程输入 | 应收款任务 | | | | |
| 流程输出 | 应收款处理完成 | | | | |
| 流程起点 | 立账开票 | | | | |
| 流程终点 | 应收款入账或延期 | | | | |
| 流程度量指标 | 资金周转率 | | | | |

②流程示意图，如图 2－16 所示。

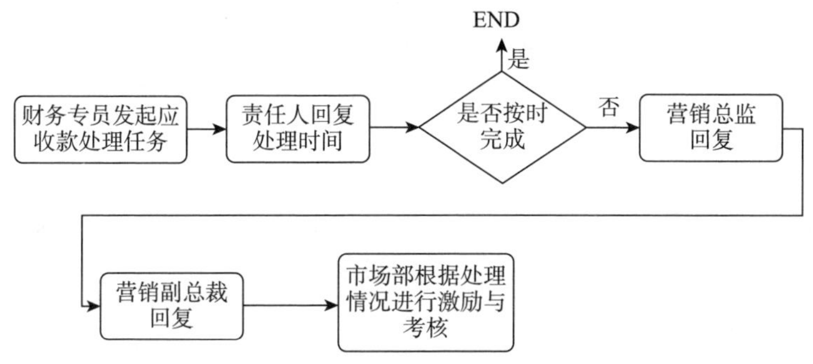


**图 2－16　应收款管理流程示意图**

③流程活动节点说明，如表 2－49 所示。

**表 2－49　应收款管理流程活动节点说明**

| 序号 | 活动角色 | 活动描述 | 时效 | 输入输出 |
|---|---|---|---|---|
| 01 | 财务专员 | 根据财务系统数据筛选出逾期应收款，向责任人发起应收款处理任务 | 2H | 输入：逾期应收款数据<br>输出：逾期应收款处理任务 |
| 02 | 责任销售经理 | 回复原因并给出处理完成时间 | 8H | 输入：逾期应收款处理任务<br>输出：回复处理时间 |
| 03 | 营销总监 | 对未按照回复完成的逾期应收款给出处理意见 | 4H | 输入：逾期应收款处理情况<br>输出：处理意见 |
| 04 | 营销副总裁 | 对逾期的应收款给出处理意见，对责任人给出处理决议 | 8H | 输入：处理意见<br>输出：处理决议 |
| 05 | 市场部总监 | 执行营销副总裁的处理决议 | 4H | 输入：处理决议<br>输出：执行处理决议 |

④流程相关表格，如表 2－50 所示。

**表 2－50　应收款处理跟踪表**

<table>
<tr><td>客户名称</td><td></td><td>客户代码</td><td></td><td>应收订单编号</td><td></td><td>应收款金额</td><td></td></tr>
<tr><td>应收款到期日</td><td colspan="3"></td><td>应收款逾期天数</td><td colspan="3"></td></tr>
<tr><td>逾期原因</td><td colspan="7">签字：</td></tr>
<tr><td>改进对策</td><td colspan="7">签字：</td></tr>
<tr><td>跟进责任人</td><td colspan="7">签字：</td></tr>
</table>

### 5. 管理售后服务

管理售后服务是提升客户满意度的一个重要模块，通过对日常售后服务业务进行分析，整理出管理售后服务的流程规划清单，如表 2－51 所示。

**表 2－51　管理售后服务流程规划清单**

| 业务模块 | 一级流程 | 子流程 |
|---|---|---|
| 管理售后服务 | 客户投诉处理流程 | 分类客户投诉处理规范 |
| | 客户满意度调查流程 | |
| | 客户关系维护流程 | 分类客户关系维护标准 |

（1）客户投诉处理流程。

客户投诉处理流程要同前面的客户退货流程区分开，客户投诉的内容可能不只是退货，因此要对客户的投诉进行分类处理，以提升客户满意度。

①流程架构卡，如表 2 – 52 所示。

**表 2 – 52　客户投诉处理流程架构卡**

| 流程名称 | 客户投诉处理流程 | 流程层级 | L2 | 流程编码 | |
|---|---|---|---|---|---|
| 流程目的 | 规范客户投诉处理，提升客户满意度 | | | | |
| 流程责任人 | 市场部总监 | 上一层架构 | 管理售后服务 | | |
| 下一层流程 | 无 | | | | |
| 流程输入 | 客户投诉问题 | | | | |
| 流程输出 | 让客户满意的处理结果 | | | | |
| 流程起点 | 客户输入投诉问题 | | | | |
| 流程终点 | 客户反馈处理效果 | | | | |
| 流程度量指标 | 客户满意度 | | | | |

②流程示意图，如图 2 – 17 所示。

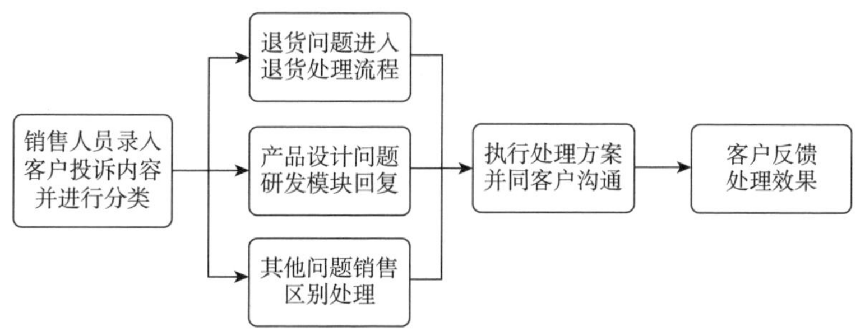


**图 2 – 17　客户投诉处理流程示意图**

③流程活动节点说明，如表 2 – 53 所示。

**表 2 – 53　客户投诉处理流程活动节点说明**

| 序号 | 活动角色 | 活动描述 | 时效 | 输入输出 |
|---|---|---|---|---|
| 01 | 销售人员 | 根据客户投诉内容录入系统，并对问题进行分类 | 2H | 输入：客户投诉<br>输出：客户投诉分类处理 |

续表

| 序号 | 活动角色 | 活动描述 | 时效 | 输入输出 |
|---|---|---|---|---|
| 02A | 跟单员 | 退货投诉执行退货处理流程 | 8H | 输入：退货问题客户投诉<br>输出：按退货处理流程操作 |
| 02B | 研发总监 | 针对产品设计的投诉问题转给对应研发项目经理处理 | 4H | 输入：产品问题客户投诉<br>输出：指定责任人处理 |
| 02C | 销售经理 | 对其他问题组织对应的产品销售项目团队处理 | 8H | 输入：其他投诉问题<br>输出：销售经理组织团队处理 |
| 03 | 销售人员 | 跟踪各责任人的处理方案，对接客户，及时沟通 | 4H | 输入：处理方案<br>输出：跟踪执行处理方案 |
| 04 | 市场部 | 统一对客户投诉处理的情况征求客户的效果反馈，对反馈结果进行激励或考核 | 8H | 输入：跟踪执行处理方案<br>输出：对客户反馈结果进行激励与考核 |

④流程相关表格，如表 2－54 所示。

**表 2－54　客户投诉处理跟踪表**

| 客户名称 | | 客户代码 | | 投诉订单 | | 无订单，其他投诉 | |
|---|---|---|---|---|---|---|---|
| 客户投诉描述 | 签字： | | | | | | |
| 投诉分类 | 签字： | | | | | | |
| 责任模块回复原因 | 签字： | | | | | | |
| 改善对策 | 签字： | | | | | | |
| 改善效果反馈 | 签字： | | | | | | |

（2）客户满意度调查流程。

为了掌握客户对我们的服务水平的真实评价，我们需要规范客户满意度调查流程，了解客户反馈的问题点，便于及时改善，提升我们的服务水平。

①流程架构卡，如表 2－55 所示。

**表 2－55　客户满意度调查流程架构卡**

| **流程名称** | 客户满意度调查流程 | **流程层级** | L2 | **流程编码** | |
|---|---|---|---|---|---|
| **流程目的** | 掌握客户的真实想法，提升客户满意度 | | | | |
| **流程责任人** | 市场部总监 | **上一层架构** | 管理售后服务 | | |
| **下一层流程** | 无 | | | | |
| **流程输入** | 客户满意度调查需求 | | | | |
| **流程输出** | 客户满意度调查结果 | | | | |
| **流程起点** | 发起客户满意度调查 | | | | |
| **流程终点** | 输出客户反馈问题点，下达改善任务 | | | | |
| **流程度量指标** | 客户满意度 | | | | |

②流程示意图，如图 2－18 所示。

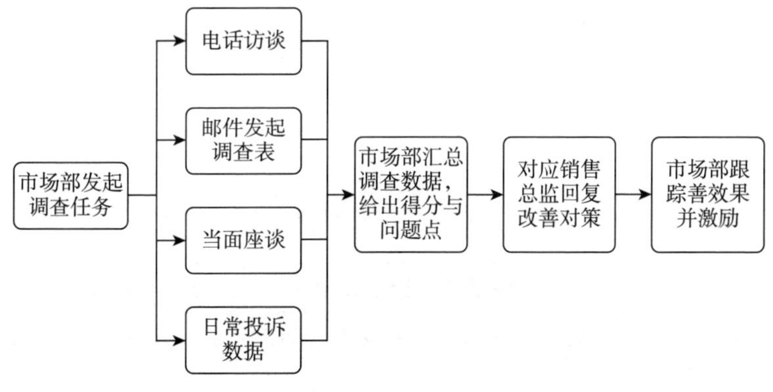


**图 2－18　客户满意度调查流程示意图**

本流程不仅是收回数据，更重要的是针对调查中发现的问题给出改善闭环的要求，这也是流程设计的原则之一。

③流程活动节点说明，如表 2 – 56 所示。

**表 2 – 56　客户满意度调查流程活动节点说明**

| 序号 | 活动角色 | 活动描述 | 时效 | 输入输出 |
| --- | --- | --- | --- | --- |
| 01 | 市场部总监 | 组织团队进行满意度调查工作，分配工作任务 | – – | 输入：营销战略要求<br>输出：客户满意度调查任务 |
| 02 | 市场部工作人员 | 内部任务分配后，通过电话、邮件、当面访谈、日常数据分析等方式，给出不同客户的满意度得分与具体问题 | 8H | 输入：满意度调查任务<br>输出：执行调查任务 |
| 03 | 市场部总监 | 安排人员汇总满意度调查问题，输出满意度调查报告，并发给对应的销售总监 | 4H | 输入：满意度调查任务<br>输出：满意度调查报告 |
| 04 | 销售总监 | 回复满意度调查中发现的问题，并给出改善对策 | 8H | 输入：满意度调查问题<br>输出：满意度问题改善对策 |
| 05 | 市场部总监 | 针对改善对策落地效果进行核实，并进行激励与考核 | – – | 输入：满意度改善对策<br>输出：改善效果激励与考核 |

④流程相关表格，如表 2 – 57 所示。

**表 2 – 57　客户满意度调查表**

| 客户 | | 收集方式 | 电话/微信/邮件/面谈 | | 收集人 | |
| --- | --- | --- | --- | --- | --- | --- |
| 调查内容 | 非常满意 | 满意 | 不满意 | 非常不满 | 得分 | 备注 |
| 交付及时性 | | | | | | |
| 产品质量 | | | | | | |
| 服务能力 | | | | | | |

续表

| 客户 | | 收集方式 | 电话/微信/邮件/面谈 | | 收集人 | |
|---|---|---|---|---|---|---|
| 调查内容 | 非常满意 | 满意 | 不满意 | 非常不满 | 得分 | 备注 |
| …… | | | | | | |
| 其他问题 | | | | | | |
| 改进建议 | | | | | | |

（3）客户关系维护流程。

客户关系维护通常作为销售人员的自主工作，缺乏统一管理，这也符合很多公司的实际情况，客户关系维护多靠销售人员的能力发挥。但是公司发展到一定规模后，就要对重点客户的关系维护进行跟踪管理了，因为丢失重点客户损失非常大，通过标准的要求，可以加强重点客户的关系维护。其他客户也可以参照这个要求，根据客户等级不同投入不同的资源来维护客户关系。

①流程架构卡，如表 2－58 所示。

**表 2－58　客户关系维护流程架构卡**

| 流程名称 | 客户关系维护流程 | 流程层级 | L2 | 流程编码 | |
|---|---|---|---|---|---|
| 流程目的 | 维护好客户关系，提升客户满意度 | | | | |
| 流程责任人 | 市场部总监 | 上一层架构 | 管理售后服务 | | |
| 下一层流程 | 分类客户关系维护流程 | | | | |
| 流程输入 | 客户关系维护任务 | | | | |
| 流程输出 | 客户满意的关系维护工作 | | | | |
| 流程起点 | 关系维护任务指令 | | | | |
| 流程终点 | 客户反馈关系维护结果 | | | | |
| 流程度量指标 | 客户满意度 | | | | |

②流程示意图，如图 2－19 所示。

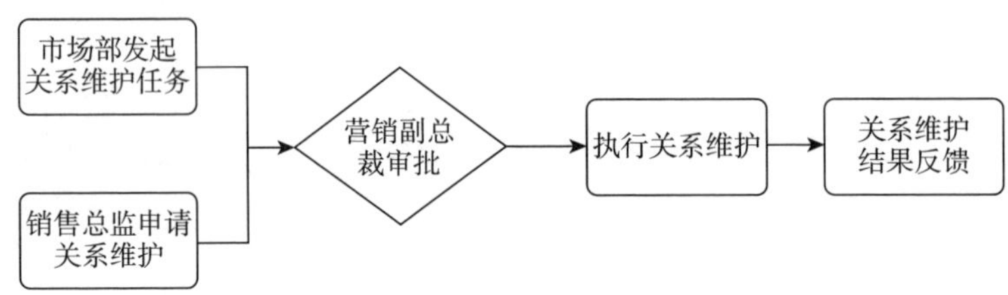


**图 2－19　客户关系维护流程示意图**

③流程活动节点说明，如表 2－59 所示。

**表 2－59　客户关系维护流程活动节点说明**

| 序号 | 活动角色 | 活动描述 | 时效 | 输入输出 |
|---|---|---|---|---|
| 01A | 市场部总监 | 根据营销战略规划，以及时间驱动，发起关系维护任务 | －－ | 输入：营销战略要求<br>输出：客户关系维护任务 |
| 01B | 销售总监 | 对自己负责的客户发起关系维护申请，包括资金、活动等详细方案 | －－ | 输入：客户关系维护需求<br>输出：客户关系维护申请 |
| 02 | 营销副总裁 | 审批关系维护任务，并指定责任人完成关系维护 | 4H | 输入：客户关系维护任务与申请<br>输出：审批客户关系维护申请 |
| 03 | 市场部总监 | 统一收集客户对关系维护的效果反馈 | －－ | 输入：审批关系维护<br>输出：关系维护结果反馈 |

④流程相关表格，如表 2－60 所示。

**表 2－60 客户关系维护申请表**

| 客户名称 | | 客户代码 | | 客户等级 | | 合作状态 | |
|---|---|---|---|---|---|---|---|
| 关系维护任务 | 签字： | | | | | | |
| 维护资源需求 | 签字： | | | | | | |
| 维护效果反馈 | 签字： | | | | | | |

## 小结

本节内容较多，读者需要耐心阅读。如果读者是从事流程管理工作或者市场部的工作人员，那么这些流程案例的基本逻辑都是可以套用的，但是在具体实施的过程中还要根据所在公司的实际情况做细节优化。另外，本流程案例只介绍了核心流程，还有子流程及一些制度文件、操作规范等是没有展示的，这也需要根据实际情况来定，就不在本节展示了。

从本节流程案例的介绍来看，通篇的流程设计都是围绕业务架构展开的，在细节流程设计中也尽量体现营销战略的要求，这些要求将会通过流程规定融入相关人员的日常工作，这就是流程这个管理要素在战略落地执行地图中发挥的重要作用。

本章后面的章节中将继续介绍系统、组织、绩效对战略落地执行地图的支持作用，流程的真正落地还要这些管理要素的综合应用。

## 第四节 CRM（客户关系管理）系统应用

营销 LTC 流程设计后需要通过 IT 系统固化，业界一般都是通过 CRM（客户关系管理）系统来固化的，下面我们来介绍一下什么是 CRM 系统。

CRM（Customer Relationship Management）是企业以客户为中心的营销整体解决方案。是通过不断加强与顾客的交流，了解顾客的需求，对产品及服务进行持续改进和提高，以满足顾客的需求的过程。CRM 是利用企业信息技术，充分挖掘客户价值，通过一对一的营销原则，满足不同价值客户的个性化需求，提高客户忠诚度和保有率，实现客户价值的持续贡献，全面提升企业的盈利能力。

LTC 流程发布后，如何加强流程落地？借助信息化的工具——CRM 系统，旨在通过系统更好地运用流程，为营销业务部门提供一套完整的、以客户为中心的系统解决方案。这项解决方案的目的就是为客户提供满意、忠诚的服务，它有助于提高竞争优势，带来更多的利润。简而言之，就是信息、关系、利润三者整合。

CRM 系统将建立起以市场营销管理部为主且贯穿各个营销分部的流程，使之形成销售、计划的闭环，以及市场反馈处理的闭环、新产品研发的闭环。借助系统，员工将与渠道客户和终端客户保持平稳、无间断的联络，协助规划开展销售、服务和市场营销活动。而且系统为管理人员提供了实现对销售人员进行全方位管理和监督的工具。通过 CRM 的实施，可从以下三个方面创造更有价值的客户关系：

- 以客户为焦点，创新的产品和服务。
- 以客户为中心，更高层次的营销过程。
- 持久有益的客户关系，不断开拓新客户领域。

### 1. CRM 的主要功能模块介绍

CRM 的主要功能模块包括：主数据管理、市场营销管理、销售管理、服务管理、审批流管理、移动应用、系统对接，下面逐一介绍各个功能。如图 2 – 20 所示。

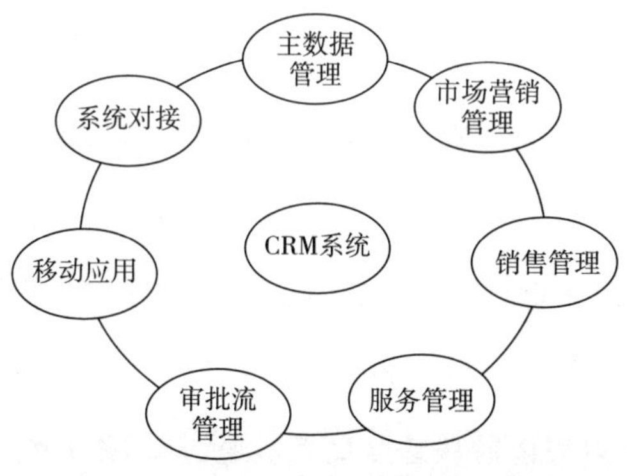


**图 2 – 20　CRM 系统主要功能模块**

（1）主数据管理。

主数据管理主要是指客户主数据管理，包括不同阶段客户信息的录入，以及营销数据达成、营销费用数据的收集等。没有系统之前，数据多是存储在个人电脑里，甚至存在营销人员的大脑里，这样就容易造成信息无法及时传递，或者信息传递失真，不利于高层对营销业务做出正确的指导和掌控。通过系统做到数据透明化、可视化，实现营销人员的收入与业绩关联的透明，综合分析营销业务经营的大数据，给营销战略的制定提供参考依据。

（2）市场营销管理。

市场营销管理包括市场营销战略的制定、客户的分级、分类管理、营销费用预算与核销管理、客户信用额度管理、应收款管理、营销绩效考核等管理模块。没有系统之前，营销战略仅在公司高层间知晓，既没有形成标准文件，也没有向下传达，而基层的营销业务相关人员也不关心，战略就成了一句口号，没有得到落实。但是市场是变幻莫测的，制定战略就是为了应对市场的变化，如果这些战略无法落地，制定战略也就没有任何意义。所以战略制定后，需要根据系统进行资源分配，比如新的一年我们的战略目标是重点攻破电子行业市场，那么就可以在相关的营销费用、营销推广活动等方面给予资源倾斜，并通过系统实时监控这一市场的营业收入变化情况，及时更新或调整战略。

目前虽然有客户分级管理，但是没有进行系统管控。每一位营销人员都希望接到的订单能按时交付给客户，但由于供应资源有限，无法照顾每一位客户，那么如何将资源投到重点客户上就是迫切需要解决的问题，CRM 系统刚好可以解决这一痛点。通过 CRM 系统按照规则进行匹配，根据客户排名的优先级顺序来分配公司资源，这样才能真正确保营业收入与利润的增长。其他的市场营销管理内容，都可以通过系统做到数据匹配、数据透明、系统管控，实现管理精细化。

（3）销售管理。

销售管理主要是指销售业务方面的管理。即从挖掘潜在商机（客户的需求线索）开始，到打样、客户订单下达、产品交付，直到收到客户货款为止的销售业务管理。由于以往的业务操作主要依赖于人的工作习惯，资源并不共享，经常出现一个客户两个销售人员同时跟进的情况。这样不仅加大了内耗，还让客户有内部管理混乱的错觉，影响我们与客户的合作关系。

没有系统前，打样信息、产品报价信息基本上依靠电话、邮件等方式沟通传递，经常出现信息错漏、不及时等情况；紧急交付的样品没有及时安排，反而不太紧急的样品安排了不少；或者样品功能满足了客户的需求，但是制造成本太高，都是因为打样信息没有及时传递或信息不全面导致此类问题的发生。

客户订单的下达与评审需要先经过系统与客户优先级进行资源匹配，匹配完成后，系统资源自动向重点客户倾斜。订单信息及时流转，时刻保持着与客户的信息沟通、交付与需求及时匹配，这些都是系统发挥的作用。

产品交付完成后，就涉及货款的及时回收。没有系统前，很多应收货款都存在与业务订单的匹配不足，无法一一对应，或不能及时预警的情况，其中还包括交付过程中的折扣、扣款等现象，这些都易造成账务混乱。CRM 上线后，可通过系统直接关联到应收款责任人，自动建立应收款项与订单的对应关系，并及时发出任务追踪与预警提示，可以减少坏账、呆账。

（4）服务管理。

服务管理模块囊括了客户的需求响应、客户关系维护、客户投诉与退货的处理、客户满意度调查等，主要是对前面销售业务起到管理支撑作用。让客户更好地感受到我们的服务，维持双方良好的合作关系，是需要通过系统助力的。借助系统进行大数据分析、活动监控、效果追踪，远比人工计算数据、电话邮件追踪更全面、准确。系统是客观公正地看待每一次活动的，通过条件维护，自动匹配对应关系，协助市场营销管理部门实时监控数据、活动效果，以及收集客户的反馈评价。

（5）审批流管理。

审批流管理是系统的基本功能，将以前线下的操作转移到了线上，提高了办公效率，管理上也更加公正、透明。所有的申请都在系统上完成，销售人员就有更多的精力放在前端对接客户上了，专注于客户关系管理，才能取得好的结果。

另外，关于审批流的走向是根据评审优化后的最佳实践作为流程业务的设置，秉持简洁高效的原则，减少了无关紧要的审批和重复审批情况，流程管理才能真正为业务创造价值。除此之外，我们还对核心流程设置了关键控制点，对于有潜在风险的流程点进行了监控，并附加责任制度管理，设定流程 OWNER，定期考核流程运行的效果，对流程运行的结果负责。

（6）移动应用。

如何让营销及相关模块的管理人员通过移动端随时随地了解工作信息、下达工作指令，是我们努力的方向。CRM 系统运作成熟后，还要在移动端上开发签核流程，对接其他系统，下达任务指令。

（7）系统对接。

CRM 系统不是营销人员应用的一个信息孤岛，它需要打通产品开发端的业务系统——PLM（产品生命周期管理）系统，借助 PLM 系统传递产品开发的信息，实现系统信息交互。除此之外，还需要对接 ERP 系统，传递后端的交付信息，并与 CRM 传递交付的指令建立钩稽关系，这样我们就可以打通核心业务流程、整合公司资源，实现以销售业务为龙头，牵引整个公司运作的目标。因此，在 CRM 系统应用规划前期，就要全面考虑端口对接问题，如果不能发挥信息集成、资源整合的作用，那么 CRM 发挥的作用可能会打折扣。

**2. 如何更好地运用 CRM 系统**

CRM 系统上线运行只是开始，很多公司上了 CRM 系统后各业务模块都在报怨：系统不好用、流程烦琐、捆住销售人员的手脚、要维护的资料太多等。公司投入了很多资源，却没有得到应有的效果。

我认为，CRM 系统运用不好的主要原因有以下几个方面：

（1）客户关系管理理念不清。

客户关系管理不仅仅是技术，还应该有一套完整的客户管理的理念，这些理念应该包括：

- 客户是一种资源，必须对资源进行有效的开发和利用。
- 企业的根本任务是开发、保留和升级有价值的客户。
- 通过企业资源的有效投入与组织管理，努力发掘、培育和发展维护优质客户，强化企业的市场地位。

这些理念看起来简单，大家也都能明白，但是很少有企业能真正做到，很多销售人员眼里只有订单、销售提成，销售各级领导也非常短视，只要达成公司的销售目标，能保住自己的位置就行。在这样的短视下，销售人员很可能做出一些损害客户及公司利益的事情。比如有的销售人员有多份兼职，有的销售人员为了订单交期不顾品质等，这些都是从上到下的客户关系管理理念不清造成的。因此，企业上下，尤其要对中高层业务管理人员进行深入的理念疏导、培训沟通，让他们充分理解CRM管理变革的意义。

（2）销售人员的抵制情绪。

很多销售人员出于私心，很容易将客户资源当作私人资源。民营企业在企业品牌和产品品牌较弱的时候，基本上是依靠关系营销，销售人员和客户之间的关系占生意来往的比重较大。一个销售人员离职后，企业对该销售人员负责的客户竟然一无所知，新销售人员又要重新花时间接触和熟悉客户，这对企业来说是较大的损失。更严重的是，重新开拓后，新销售人员又将客户资源当作私人资源。

因此，CRM的导入必须贯彻一个原则：所有的客户是公司的资源，个人只是代表公司进行资源对接，凡是刻意阻碍、隐瞒客户信息的员工应该予以问责。与此同时，企业应该拿出诚意，设立销售绩效管理制度，对做出贡献的销售人员给予适当的奖励，并提供制度保障，不要做出一些短视的、伤害人心的事情。

（3）业务规则要符合最佳实践。

很多销售部的领导，在LTC流程梳理与CRM导入的时候漠不关心，每次讨论业务规则随便指派一个人敷衍，后面流程确认及系统上线后又有很多意见，这就导致业务规则脱离了最佳实践。虽然不能完全按照销售模块业务人员的意见来制定规则，但是对新的规则梳理，是不能完全将责任推给流程梳理人员与系统开发人员的，业务规则要符合最佳实践，相关业务人员必须参与研讨评审。

业务规则的建立要避免官本位思想，因为民营企业的官本位思想很严重，很多领导都是官大学问大，特别固执，不相信专业的意见，最后系统不能有效运行还得重来。因此，实施 CRM 系统应该避开这种官本位思想，多尊重专业性。比如报销流程，根据专业的流程管理意见，简化审批流程，财务最多两个节点必须走完，但是财务总监是老板的心腹，他说要四个节点就必须四个节点，还要加入其他可以去掉的审批环节，最终造成流程冗长，很多人都不愿意报销、不愿意出差，最终影响客户服务质量、企业的整体效益。

制度支持也很重要，而且制度需要专人管理、及时修订。我建议，这个职责由销售管理部的人来承担。比如客户导入必须通过 CRM 系统，但是有些销售人员理念没有转变过来，对 CRM 有抵触情绪，还是沿用之前的纸单流转的方式导入客户，那么制度管理人员就必须对这样的销售人员及接受纸单的相关部门人员进行处罚，否则制度不能支撑 CRM 运行，CRM 系统最终将无人使用，因为没有制度的约束力，其他人就会效仿。所以，制度支持 CRM 系统的应用管理也是非常重要的。

（4）CRM 系统的功能实现不全。

我们前面介绍了很多 CRM 功能，但在实际系统开发中，很多功能还没有实现。因为大部分 CRM 系统都是对外购买的，系统实施商为了节省成本，在功能实现上可能会有所保留，而企业在没有经验的情况下很容易被系统实施商蒙蔽。同时，由于销售人员参与的积极性不高，在系统上线测试的时候没有充分发现系统的漏洞，导致真正应用的时候问题很多，进而造成大家对系统有功能很差、体验不好的感觉，影响 CRM 的使用率。

CRM 的项目开发团队要做好整个系统全生命周期管理，对于功能不全的要进行完善。很多项目团队在系统上线后就解散了，其实应该运行一段时间后再进行工作交接。

（5）数据分析和利用。

CRM 除了规范销售业务管理外，还有一项重要的功能是 CRM 数据的挖掘，从中获取有价值的信息。比如通过了解哪款产品的报价成功率高，就可以获取到市场的产品价格区间；通过了解哪类客户的订单与回款较好，就可以分析客户所属行业的动态，并成为客户等级维护的重要数据依据。

销售管理团队要有 CRM 数据分析的能力，要能够为业务团队，尤其是管理层提供有价值的数据分析报告。

## 小结

客户关系管理软件作为销售市场管理的重要工具，在企业的市场规划、客户导入、客户分析、业务规范、同其他模块的对接、移动互联开发与应用、销售激励等方面发挥着巨大的作用。要用好这个系统，就需要做好业务规则的梳理、CRM 系统的管理、制度的维护等。更重要的是企业上下要有决心和毅力来完成这项管理变革，CRM 才能真正为企业创造价值。

## 第五节　组织与绩效管理在营销模块业务架构中的应用

根据制定的战略落地执行地图，业务架构落地除了流程与 IT 外，还需要组织与绩效管理要素的综合应用。因此，非常有必要对营销模块的组织与绩效管理要素的应用做介绍。

### 1. 组织管理在营销模块的应用

我们来回顾一下营销模块的业务架构，核心业务模块分类如图 2－21 所示。

那么在组织设计上就要考虑市场、线索、机会、合同、售后服务等管理模块，但是也不能完全照搬这些模块，因为还有不同营销分部要考虑。

同时结合 LTC 流程设置了很多流程角色。比如销售业务岗、销售

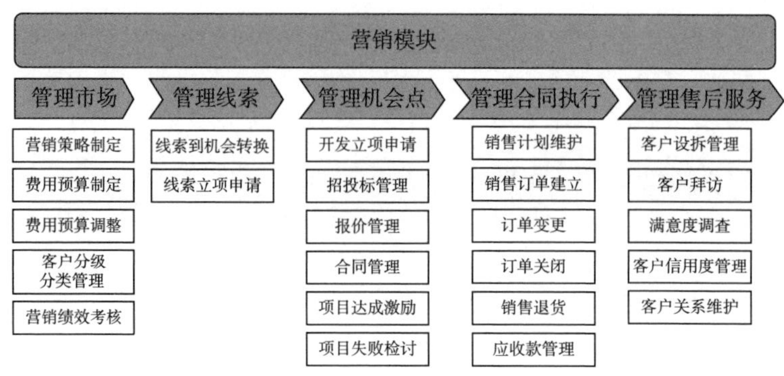


**图 2－21 营销模块业务架构**

经理、销售总监及同各事业部、工厂业务对接的角色岗位（如订单预测分析岗、订单下达岗、应收款的监督岗等）。

我们结合业务架构与流程角色的要求，假设有一家集团公司根据营销模块的业务匹配，设计了矩阵型的营销组织，即集团营销到事业部、工厂客服的纵向职能组织，同时各事业部营销部归属事业部总经理管理。营销业务根据集团资源配置的情况进行展开，在利润核算上根据不同事业部组织形成横向的利益共同体。

为了确保销售项目的达成，还要匹配虚拟的销售项目组织形成合力，达成营销战略目标。

我们先来看看实体组织应该如何划分，如图 2－22 所示。

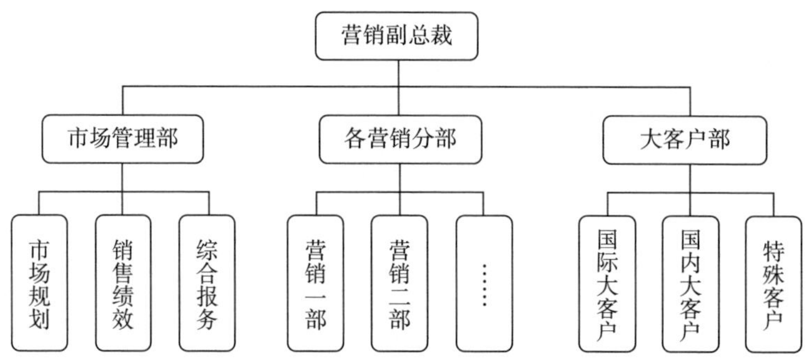


**图 2－22 营销模块组织架构**

组织各模块同业务架构之间的匹配关系，如表 2－61 所示。

**表 2－61　组织模块与业务架构模块之间的匹配关系**

| 组织模块 | 业务架构模块 |
| --- | --- |
| 市场管理部 | 管理市场 |
| | 管理线索 |
| | 管理售后服务 |
| 各营销分部 | 管理机会 |
| | 管理合同 |
| 大客户部 | 管理售后服务 |

组织与业务架构的匹配保证了业务架构通过组织承接责任关系，但是还不够，对于流程梳理中的一些流程要求、流程角色的导入，还需要增加虚拟组织来承接。在这里，我们对标华为的 LTC 流程角色，导入“铁三角”的项目组织来承接。

营销模块，指定一名负责人，称为 AR（销售经理）；解决方案体系模块，指定一名负责人，称为 SR；交付模块，指定一名负责人，称为 FR。三大负责人分别负责整合各自负责的模块，同时向项目经理汇报工作（项目经理一般由 AR 兼任，重大的项目由高层领导担任项目经理）。如图 2－23 所示。

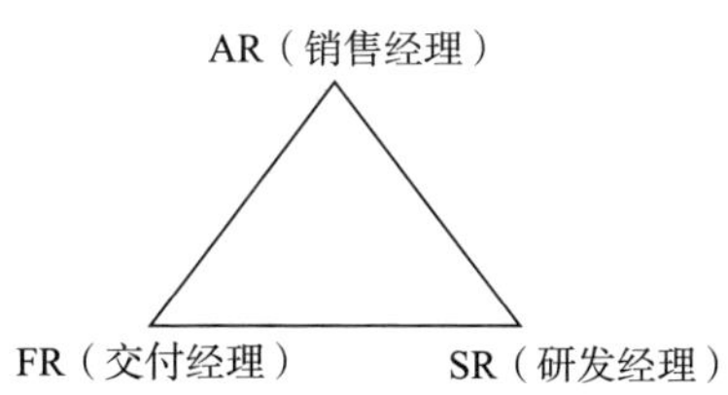


**图 2－23　“铁三角”示意图**

“铁三角”的概念最先是由华为公司提炼总结出来的，是一个非常实用的理念。

2006 年，某国电信邀请 H 公司和另一个供应商参加移动通信网络的招投标，在只有一个竞争对手的情况下，H 公司被排除在外。整个团队完全没有反应过来，这是对 H 公司的巨大打击，因此 H 公司销售团队思考总结后发现，H 公司团队的沟通不畅，营销、产品设计、交付的协同作战很差，客户关系不到位，产品的解决方案完全不符合客户的要求，交付能力也不能让客户满意，客户经理在前端掌握的信息没有办法很快地传递给后端，而竞争对手能把握客户的需求，给客户提供更高价值的、低成本的产品。

该团队总结经验后，组建了以客户经理、交付经理、产品经理为核心的业务核心管理团队，提出了“铁三角”的管理模式。这个模式后来取得了巨大成功，2009 年他们获得了该国运营商的全国 G 网最大的项目。这就是“铁三角”模式应用的最早实践。

“铁三角”表面上是一个战术，但本质是 H 公司在过去 10 年一直提倡的流程型组织在客户端的具体实现的模式。是在深度把握客户的需求理解的情况下，对客户进行立体营销，从商务、交付、产品解决方案等方面满足客户价值的管理模式。

以“铁三角”构建的虚拟组织，弥补了传统职能组织的不足。通过“铁三角”，整合对应模块内的资源，高效协同的服务，为客户创造价值、让客户满意，实现公司整体利益最大化。这种模式不仅在营销模块得以运用，在研发与供应链模块也发挥了巨大作用，以项目的形式明确了对应模块的需求，加强了跨部门的沟通，后面介绍研发与供应链模块中也要运用到这种组织形式。

### 2. 绩效管理在营销模块的应用

我们将营销模块的绩效考核方案分为组织绩效与个人绩效考核方案。

（1）组织绩效考核方案。

根据不同组织承接的业务架构情况，我们在本节组织与业务架构对应表格上进行绩效方案设计，如表2－62所示。

**表2－62　组织绩效考核方案设计**

| 组织模块 | 业务架构模块 | 绩效考核内容 |
| --- | --- | --- |
| 市场管理部 | 管理市场 | 销售目标达成率 |
| | 管理线索 | 线索转换成功率 |
| | 管理售后服务 | 客户满意度 |
| 各营销分部 | 管理机会 | 销售项目成功率 |
| | 管理合同 | 交付达成率<br>资金周转率 |
| 大客户部 | 管理售后服务 | 客户满意度 |

以上是实体组织的绩效考核方案，针对“铁三角”的项目组织也有绩效考核方案与激励制度，主要的考核指标为项目目标达成率，在不同的阶段根据目标达成情况释放总奖金包的不同比例，如表2－63所示。

**表2－63　激励包金额释放比例**

| **考核指标** | **激励包金额释放比例** | | |
| --- | --- | --- | --- |
| | 线索阶段 | 机会阶段 | 合同阶段 |
| 项目目标达成率 | 20% | 30% | 50% |

（2）个人绩效考核方案。

我们在销售绩效考核流程中将个人绩效考核同组织绩效关联，也就是说，如果组织绩效得分不高，个人绩效得分也不会太高，这样设计便于整体利益考虑的导向设计。

在执行中要结合岗位职责承接组织绩效考核指标，组织绩效不能分解下去的就通过关键绩效任务来承接。

我们分别用市场部的市场专员与销售部的销售经理来举例说明：

①市场专员绩效考核方案设计案例，如表 2－64 所示。

**表 2－64 市场专员绩效考核方案设计**

| 考核类别 | 考核内容 | 权重 | 数据来源 | 执行考核 |
|---|---|---|---|---|
| KPI | 销售项目成功率 | 40% | 经营管理部 | 绩效管理部 |
| | 市场考核完成率 | 20% | 经营管理部 | 绩效管理部 |
| | 满意度调查任务完成率 | 20% | 经营管理部 | 绩效管理部 |
| 关键任务 | 问题改善追踪完成情况 | 20% | 经营管理部 | 绩效管理部 |

市场专员承接了管理市场的主要工作，在营销策略流程、销售绩效考核流程、线索管理流程、客户满意度调查流程中发挥重要作用，因此主要承接这几个关键绩效指标。这样就确保了市场专员在日常工作中紧紧围绕战略承接的业务架构与流程设计来开展工作，有了明确的目标导向。这就是绩效管理在业务架构中发挥的重要作用。

②销售经理绩效考核方案设计案例，如表 2－65 所示。

**表 2－65 销售经理绩效考核方案设计**

| 考核类别 | 考核内容 | 权重 | 数据来源 | 执行考核 |
|---|---|---|---|---|
| KPI | 销售项目目标达成率 | 30% | 市场管理部 | 绩效管理部 |
| | 负责客户满意度得分 | 20% | 市场管理部 | 绩效管理部 |
| | 订单交付达成率 | 20% | 市场管理部 | 绩效管理部 |
| | 应收款任务达成率 | 10% | 市场管理部 | 绩效管理部 |
| 关键任务 | 问题改善任务达成情况 | 20% | 市场管理部 | 绩效管理部 |

销售经理对应的业务架构模块中有管理线索、管理机会、管理合同、管理售后服务，这些模块的核心流程中销售经理都是重要的岗位，而且是以销售项目的形式展开的，因此也代表销售项目团队承接这些指标。最后项目的达成情况将直接影响这些指标的得分，因此销售经理的核心工作就是管理好对应的销售项目，确保销售项目达成目标。

在关键任务中，主要针对客户满意度调查中发现的问题来驱动任务改善，在某个考核周期内关闭上个周期中发现的问题不断持续改善，以提升客户满意度。

## 小结

本节主要介绍了组织与绩效这两个管理要素在业务架构落地中发挥的重要作用。很多公司不重视流程，但是会重视组织与绩效管理。实际上，以流程管理驱动的组织与绩效管理要素能在战略落地中发挥更好的作用。我们通过案例展示业务架构到流程与 IT、组织、绩效的综合应用，就是要告诉读者，管理视角不可以太狭隘，要跨领域看待问题，这也是本书希望通过战略落地执行地图告诉大家的道理。从战略到业务架构，再到流程与 IT、组织、绩效的综合应用，涉及很多专业的知识领域，只关注某个局部的知识领域，无法成为综合管理人才。希望各位读者能从多个视角看待问题，并不断学习、提炼、总结，成为高素质的综合性管理人才。

# 第三章

## 研发模块
## 业务架构与流程管理

## 第一节　案例分析：研发模块常见问题

公司的发展阶段不一样，对研发的重视程度也不一样，研发模块随着公司的发展会不断变化，这里我们总结了一些共通性的问题案例。

**1. 研发项目管理问题**

小李是某集团研发单位的技术负责人，下班前接到销售部王经理的电话，告知其明天带上A客户的样品和他一起去上海拜访客户，小李当时就懵了，什么样品？内部问了一圈才知道，半个月前王经理确实提出了A客户样品的制作需求，但是样品资料没有提供齐全，也没有说什么时候需要，研发人员就一直没有处理。

小李告知王经理样品还没制作，能否下次再带样品？王经理很生气，表示都过去很长时间了，样品还没制作，这个理由显然无法接受，便直接投诉到了老板那里。于是，小李连夜组织团队通宵加班赶样品，样品赶出来了，但客户不满意，订单没有谈成，最后小李又被销售人员投诉了一次。

案例中小李的委屈相信每一位研发人员或多或少都经历过，这暴露的不仅仅是信息传递问题，更多的是研发项目管理上的问题，考核规则不明确，内部管理人员职责不清晰……一系列问题的连环效应造成订单丢失，最后导致局面无法挽回。

案例主要存在以下几个问题：

（1）销售同研发的需求对接窗口不明确。

如果研发有固定的岗位作为需求管理窗口，对销售的开发需求统一管理，销售人员提供齐全的样品资料，明确需求时间，像案例中这样的乌龙就不会发生了。

（2）研发内部的组织架构不清晰。

没有岗位或部门来统一管理所有的项目并跟踪开发过程是错误的。人都是有惰性的，我们不能一味地依赖人的自觉性来完成工作。如果过程没有监控，那么结果又如何控制呢？另外，研发内部岗位设置得是否清晰也会影响产品开发效果。岗位设置是否符合开发流程要求？是否有方案设计、评审、决策的流程角色来匹配？

**2. 产品数据管理问题**

小张是某分子公司的报价员，某天销售人员小刘递给他一个产品，并明确提出要在一天之内把价格报给客户。小张接到信息后立刻将产品参数发给各技术部负责人，结果除了经管在半天内回复外，其他人要么回复的信息不准确，要么没有回复，最后小张只好根据自己的历史经验预估了一个价格给客户。过了一周，小张被销售人员投诉，说他的报价比竞争对手高了50%。小张觉得特别冤枉，在各种产品数据不清楚的情况下，他在最短的时间内给出了报价，而且他很负责任地把其他人的工作做了，结果还是被投诉。

**案例分析**

小张在这个过程中究竟犯了什么错?

研发内部组织不清晰是否导致报价管理混乱的主要原因?

首先，小张肯定是一名有责任心的员工，在工作中，也确实有这样的人，工作很努力，但是工作绩效并不好。一方面我们要肯定他们对工作负责的态度；另一方面也要对他们的工作方式进行批评，自己协调不了的问题一定要请求上级支持，解决不了的问题要及时暴露，不要藏着、掖着。另外，研发内部的组织确实存在问题，报价审核机制有问题，这说明无论是流程还是研发内部组织都存在严重的漏洞。最好的办法是针对现状梳理一份合理的流程方案，然后设定好流程角色，根据流程角色来匹配岗位设置。岗位必须有规范的产品数据管理，对接各个数据 OWNER，在最短时间内取得准确数据。

### 3. 可制造性评审问题

某研发团队根据客户要求开发了一款产品，由于客户要求很高，开发团队在打样期间用了一款进口材料，客户对开发团队输出的样品非常满意，很快就下订单了。但在量产阶段出了问题，由于样品使用的是进口材料，需要大批量备料，占用大量资金；再加上设计样式特殊，生产制造过程难度大，很难把控品质，造成不良与报废较多，算下来该产品不仅不赚钱，还很有可能赔本。除此之外，公司还得面临客户改版，该材料被替换沦为呆滞料的风险。

**案例分析**

可制造性评审是针对产品研发完成后转量产的可行性评审，包括量产成本控制、品质控制、效率控制等，都是真正将产品转换为利润的关键环节，是一项非常重要的研发要求，但是很多公司都忽略了这个要求。

该案例的流程明显不规范，方案设计、新材料导入、可制造性要求、质量标准都没有评审，以上全部由设计人员一手包办。设计人员最关心的是样品能否满足客户需求，以及销售人员会不会投诉他，至于其他方面的问题，他不会关心。因此，流程的规范与约束就要从整体考虑，而不是单方面满足客户的需求。如果一款产品不能盈利，就没有必要导入。流程的目的是在满足客户需求的同时确保达到预计的盈利目标，如果只是满足了客户的需求，公司不能盈利，对公司来说是没有任何价值的。

**4. 产品研发绩效与目标考核不一致**

某制造型企业最近几年业务突飞猛进，研发模块的组织也不断壮大，但是对于研发模块的管理还是按照原来小规模企业时的架构在运作。企业规模较小的时候，为了加快反应速度与开发周期，都是一个研发人员配合一个销售人员共同对接客户的，考核研发绩效的标准是服务好客户，尽量满足客户的需求。这种方式在企业创业阶段确实帮助企业争取了很多订单。

但是随着公司业务的增长，研发模块的组织没有变化，只是增加了更多人手来配合销售人员的工作，研发模块的组织绩效考核仍然是创业时期的标准，主要考核让客户满意，争取更多订单。由于组织不完善，以及绩效考核的导向，研发模块的员工慢慢转变为只要让客户不投诉就好，客户投诉的主要问题是新品开发周期长，研发人员为了避免投诉就尽量加快开发进度，忽略了开发质量。最终很多订单并没有争取回来，即便争取回来了，量产阶段的问题也很多，为解决这些问题，公司付出了较大代价。

**案例分析**

很多公司发展很快，但是内部管理并没有跟上公司的发展步伐。本案例中，研发模块的管理目标不仅仅是满足客户的需求，更重要的是要从公司整体利益上考虑绩效考核方案，比如产品利润率的考核，这是研发模块在产品设计阶段就要考虑的。在设置好合理的研发模块绩效考核方案后，再对研发模块的组织进行调整，才能让研发模块的管理目标符合公司的战略要求。

**小结**

本节通过一些案例阐述了研发模块组织、流程与绩效存在的问题，各位读者联想一下自己所在的公司，应该或多或少都会存在类似的问题。解决这些问题首先要明确研发模块的战略管理规划，根据战略规划确定业务架构，根据业务架构再规范产品开发流程。

## 第二节　研发模块战略地图到 IPD（集成产品开发）流程架构

在思考研发模块的业务架构之前，先要确定研发模块的战略规划与业务形态，在此基础上构建研发模块业务架构。

研发模块的战略规划要体现以下两点要求：

第一，要承接公司统一的产品开发要求，比如关于研发转产成功率的要求、研发总体成本控制的要求等。

第二，要发挥研发模块的支持作用，在“铁三角”中承担研发模块的责任，确保销售项目目标的达成，这个要求要通过研发项目管理的规范来达成。

以上战略要求明确后再分析研发本身的业务形态，每个公司的情况不一样，对业务形态的理解不一样，所体现的业务架构也不一样。所以，要根据实际情况制定业务架构。

我们参考华为的 IPD（集成产品开发）管理思想：IPD 就是要解决产品开发中的过程管理，它其实是以项目管理为框架，将产品开发分为概念、计划、设计、开发、验证、发布几个明确的阶段，通过各阶段明确的、规范化的流程来管理研发过程，从而实现研发流程应该创造的价值。

研发模块业务架构设计示意图，如图 3 – 1 所示。

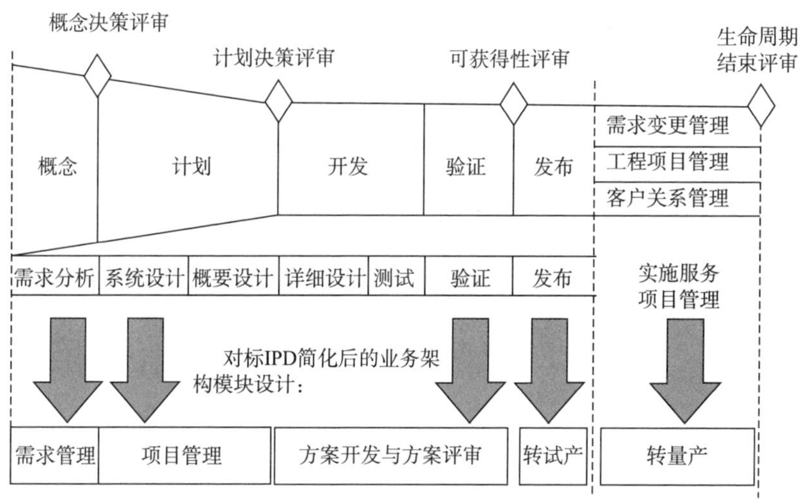


**图 3 – 1　研发模块业务架构设计示意图**

我们来分析一下上面业务架构框架是否体现了战略与业务形态要求。

第一，承接公司统一的战略要求，提升研发成功率与控制研发成本。这一点通过需求管理、转试产与转量产模块体现。

第二，“铁三角”模式下的研发项目管理，在业务架构中的项目管理模块体现。

第三，符合研发本身的业务形态，这一点通过方案开发与方案评审模块来体现，根据实际业务形态对研发设计方案进行规范要求与统一评审。

因此，我们的业务架构设计符合了战略与业务形态的要求，图3－2就是在上面业务架构框架下展开具体的业务架构设计了。

研发模块

| 需求管理 | 项目管理 | 方案开发与方案评审 | 转试产评审 | 转量产评审 |
|---|---|---|---|---|
| 研发战略规划 | 研发项目立项到结项审批流程 | 研发子模块方案设计与评审 | 转试产评审 | 转量产评审 |
| 产品开发立项审批 | 研发项目绩效管理 | 样品制作与测试流程 | 小批量试产管理 | 量产管理流程 |
| 研发绩效考核 | | 设计问题管理流程 | | |

**图3－2　研发模块业务架构设计案例**

这个通用版的研发模块业务架构设计案例，实际上各公司内部最复杂的部分基本都在方案开发设计与评审。根据产品的复杂程度，可能会细分为很多个子模块，所以，各位读者朋友如果要套用这个业务架构，还必须根据实际情况再细化。

针对这个业务架构，我们做个简单的说明。

### 1. 需求管理

第一，符合公司研发战略要求。研发的需求首先要符合研发的战略目标，研发的战略目标首先是要承接公司统一的战略规划目标，那么在研发资源配置上要围绕这个目标，包括组织、人力、预算、设备的投入要统一规范管理，紧紧围绕研发的战略目标进行资源投入。

第二，满足客户的需求。一家公司如果不是自主研发的产品驱动市场，那么这个需求管理模块就是主要针对客户的需求做定制化开发的。客户的需求是有概念或市场规划阶段的，或者是客户已经有了明确的开发需求。客户在这个阶段，我们作为服务商要更好地提出配套服务来契合客户的产品概念设计，帮助客户更好地占有市场。这个时候要明确客户的需求，对客户的需求进行分析，转换为公司内部的具体需求。同时，需求的变更也要规范，至少信息的传递不能断层。

第三，要做好绩效考核。针对研发的目标达成及每个开发项目实际产生的效益要给予激励。这个要同研发模块的绩效管理要素结合起来应用，要分为组织绩效与个人绩效。后面章节中将会详细介绍这一点。

**2. 项目管理**

对整体的产品开发要有计划和规划，对产品开发的时间、成本、质量统一管控。我认为，对产品开发计划管理最好的方式是项目管理。

有一家分公司在营销部下面配备了几十个产品开发工程师，我很奇怪，问负责人："你们不是有专门的技术团队吗？为什么还要配备这么多的产品开发接口人呢？"他说："没办法，人手还不够呢，我们的开发工程师都是全能的，从对接客户的需求到设计图纸、确认材料、试产打样、出BOM一个人包办了。"我又问："为什么不进行专业分工呢？"他说："不行啊，我们以前也试过，不仅反应速度慢，还找不到责任人，扯皮推诿较多，现在一个人包办，时效快、责任明确，挺好的。"

可是，事实真的是这样吗？

经过内部调研，可以看出开发时效提高了，但是人辛苦不说，而且有很多开发过程都跳过去了，做出来的产品资料不规范，设计不合理，导致后面量产问题多，生产车间抱怨多，品质问题异常多。尤其是开发任务增加后，开发工程师不具备管理与专业高度的能力，面对具体的工作粗制滥造，面对后端的人际协调无从下手，最后导致项目开发进度延误，降低客户满意度。

采取项目管理后，项目组有专业的人员配置，项目负责人对项目的进度和成败负责，项目经理具备了专业与管理的技能，但都不是最精通的人，只是经验比较丰富，涉及的业务部门专业人员都要纳入项目团队。通过虚拟项目组织管理，可以更好地统筹资源。各个项目小组之间既竞争又合作，通过对项目的目标与收益进行衡量，对项目的达成进行激励，提升了员工工作积极性，从以往的被动配合转变为主动配合，最重要的是能让专业的人做专业的事，这才符合现代企业管理理论中的精细化管理思想。

项目管理相对于职能管理的优势：

①有更好的工作能见度，更注重结果。

②对不同的工作任务可改进协调和控制。

③项目成员有较高的工作热情和较明确的任务方向。

④广泛的项目职责能够加速管理人员的成长。

⑤能够缩短产品开发时间。

⑥能够减少总计划费用，提高利润率。

⑦项目的安全控制较好。

**3. 方案开发与评审**

由于大企业的产品开发与验证流程比较复杂，不一定适用于中小企业，因此我将开发与验证整合到方案开发与评审阶段。产品设计方案的确定是一个过程，在开发的过程中要不断验证，以减少失败成本。对产品开发过程的管理主要在这个阶段，要通过结构化的开发流程对产品开发过程进行规范管理，形成可交付使用的产品开发输出。从流程框架中可以看出，每个开发子模块都有对应的开发与验证流程，对流程的输入输出、任务标准与责任人都要有明确的规定，才能保障产品开发达成原来的目的。

**4. 转试产评审**

方案开发与验证完成后就是发布了，这个发布指的是内部发布，将方案发布给各相关模块，为了验证方案的可行性，需要进行小批量试产，因此这个过程定义为小批量试产阶段。在这个阶段要通过小批量的试产模拟将来的量产，多发现一些将来量产可能出现的问题，进行产品开发的最后补救，同时也要对交付水平及质量控制进行评测，以便满足客户的需求。

要注意的是先要评审是否满足转试产的条件，如果不满足，就要退回去完善方案；如果项目特别紧急，则由项目经理决策是否继续试产。试产过程本身也是有规范流程要求的，这点在下一节的流程案例中详细介绍。

**5. 转量产评审**

这个阶段是指经过转量产评审后的一些后续服务，因为没有最完美的设计，量产中不出现任何问题是不可能的。在这个阶段，原来的开发项目关键核心技术人员还有继续解决设计类问题的责任，要尽量通过设计变更来解决量产的问题，而不是像一些不规范的企业，设计完成后就完全不管了，这样后面的产品设计团队依然不会重视设计问题，这就是流程规范的重要性。将责任界定清楚，并且规定解决问题的责任人必须将遗留问题跟踪到底。

## 小结

整个研发模块业务架构是以IPD流程为框架，对各模块的开发子流程进行规范，包括一些表单活动的标准化，其目的是规范各个操作环节，让流程能保证公司整体战略与经营目标的达成。

其实，很多公司的研发流程都不够清晰，尤其是以客户订单为导向的公司更关注打样，他们认为打样完成，研发流程就走完了，这种做法太片面了。实际上，产品研发包含客户的需求分析，优化投资组合（研发成本）、结构化流程（流程的层级逻辑关系）、共用基础（通用性开发）、异步开发（不同模块的开发同步进行）等。在流程设计时，如果贯彻了这些原则，也就真正实现了为客户服务、让客户满意，同时保障企业的利益。

所以，可制造性分析与评审流程的完善就是要保障开发的产品和未来接到的订单能让公司盈利，否则投入那么多资源接来的订单有什么意义呢？因此，研发模块的业务架构不仅要满足客户的需求将订单争取过来，还要满足公司盈利的要求，在设计阶段就能控制好产品的利润率。

## 第三节　IPD 流程设计

上一节中分享了 IPD 流程框架的核心思想与架构内容，本节我们介绍 IPD 的核心流程设计，以便大家在设计流程时做参考，但是要注意不能生搬硬套，必须结合所在公司的实际情况来制定流程方案，并经过严格评审后才能测试运行。

### 1. 需求管理流程设计

首先要对需求管理模块进行流程规划，经过分析规划的流程清单如表 3－1 所示。

**表 3－1　经过分析规划的流程清单**

| 业务模块 | 一级流程 | 子流程 |
| --- | --- | --- |
| 需求管理 | 研发战略规划 | 研发预算、组织规划 |

续表

| 业务模块 | 一级流程 | 子流程 |
| --- | --- | --- |
| 需求管理 | 产品开发立项审批流程 | |
| | 研发绩效考核流程 | |

产品开发立项审批流程同前面营销模块的产品开发项目审批流程是同一个流程，作为研发模块的开发需求触发流程，研发模块一般是不能拒绝这个需求的，因此在研发模块也就不再重复讲解此流程了，直接参考这个流程即可。

接下来我们来对研发战略规划与研发绩效考核流程进行案例分析。

（1）研发战略规划与实施流程。

①流程架构卡，如表3－2所示。

**表3－2　研发战略规划与实施流程架构卡**

| 流程名称 | 研发战略规划与实施流程 | 流程层级 | L2 | 流程编码 | |
| --- | --- | --- | --- | --- | --- |
| 流程目的 | 承接公司整体经营战略，制定研发模块战略 | | | | |
| 流程责任人 | 研发副总裁 | 上一层架构 | 需求管理 | | |
| 下一层流程 | 研发预算、组织规划流程 | | | | |
| 流程输入 | 战略与经营检讨 | | | | |
| 流程输出 | 研发模块营销战略 | | | | |
| 流程起点 | 经营战略发布 | | | | |
| 流程终点 | 研发模块战略达成检讨 | | | | |
| 流程度量指标 | 研发战略目标达成率 | | | | |

②流程示意图，如图3－3所示。我们看到研发战略规划与实施流程和前面营销模块的战略规划与实施流程逻辑是一样的，这是正常的。虽然业务模块不同，但是对于战略管理的逻辑都是一样的，对于战略的

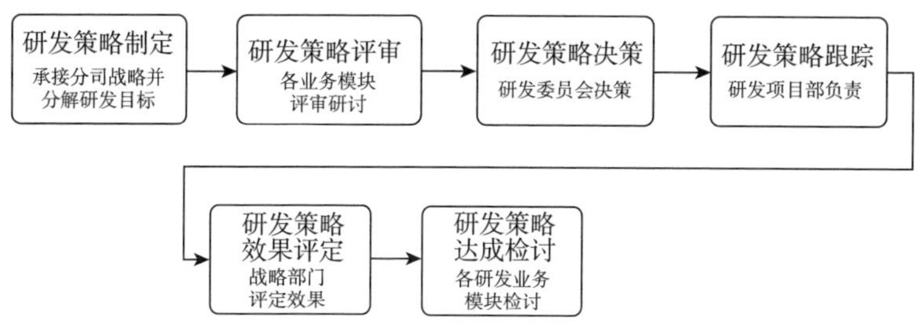


**图 3－3　研发战略规划与实施流程示意图**

制定、决策、实施与检讨的逻辑是相通的，只是具体的战略会不一样。如表 3－3 所示。

**表 3－3　研发战略规划与实施流程活动节点说明**

| 序号 | 活动角色 | 活动描述 | 时效 | 输入输出 |
|---|---|---|---|---|
| 01 | 研发项目部总监 | 每年固定时间组织团队同战略部门对接，制定出符合公司战略要求的研发模块经营战略 | 一周 | 输入：公司整体经营战略<br>输出：研发模块战略初稿 |
| 02 | 研发副总裁 | 主导研发模块各部门参与研发战略初稿的研讨评审，给出修订方案 | 一周 | 输入：研发模块战略初稿<br>输出：研发模块战略方案修订版 |
| 03 | 研发委员会秘书长 | 组织召开研发委员会，对研发模块战略方案进行决策评审 | 8H | 输入：研发模块战略方案修订版<br>输出：研发模块战略方案决策版 |
| 04 | 研发项目部总监 | 对研发内部发布研发战略方案，并安排团队跟踪战略落地过程与实际达成效果 | －－ | 输入：研发模块战略方案决策<br>输出：研发战略发布与跟踪达成效果 |
| 05 | 战略总监 | 组织团队对研发战略落地效果进行评定 | －－ | 输入：研发战略实施<br>输出：研发战略达成效果评定 |

续表

| 序号 | 活动角色 | 活动描述 | 时效 | 输入输出 |
|---|---|---|---|---|
| 06 | 研发项目部总监 | 对研发达成效果进行考核激励，对未达成的组织各模块进行研讨并输出改善方案 | 一周 | 输入：研发战略达成效果评定<br>输出：研发战略达成激励与检讨改善方案 |

③流程活动节点说明：要注意研发委员会这个组织，有些公司不重视研发，可能没有这个组织。如果没有这个组织，就以研发副总裁的决策为准。

④流程相关表格，如表3－4所示。

表3－4 研发战略制定与实施跟踪表

| 战略模块 | 关键要素 | 战略目标 | 关键责任人 | 完成时间 |
|---|---|---|---|---|
| 产品开发项目 | | | | |
| 新技术研发 | | | | |
| 核心人才培养 | | | | |
| 关键问题改善 | | | | |
| …… | | | | |

（2）研发绩效考核流程。

①流程架构卡，如表3－5所示。

表3－5 研发绩效考核流程架构卡

| 流程名称 | 研发绩效考核流程 | 流程层级 | L2 | 流程编码 | |
|---|---|---|---|---|---|
| 流程目的 | 规范研发模块的组织与个人绩效考核 | | | | |
| 流程责任人 | 研发副总裁 | 上一层架构 | 管理市场 | | |
| 下一层流程 | 研发子模块绩效目标达成考核流程 | | | | |

续表

| 流程输入 | 研发目标达成情况 |
|---|---|
| 流程输出 | 研发模块组织与个人绩效考核方案 |
| 流程起点 | 研发目标达成检讨 |
| 流程终点 | 研发模块组织与个人绩效达成激励落地 |
| 流程度量指标 | 绩效考核计划达成率 |

研发模块的绩效考核同营销模块的绩效考核略有不同，营销的考核直接以销售额目标的达成来对各营销分部进行绩效评定，但是研发子模块没有具体的数字目标，主要以各子模块参与的项目达成目标来进行考核，产品开发项目的绩效考核将在研发各子模块的考核中占据较大比重。

②流程示意图，如图 3－4 所示。

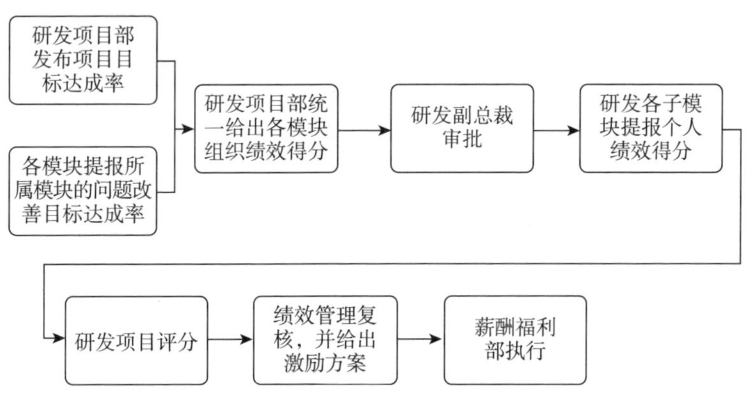


图 3－4 研发绩效考核流程示意图

③流程活动节点说明，如表 3－6 所示。

**表 3－6　研发绩效考核流程活动节点说明**

| 序号 | 活动角色 | 活动描述 | 时效 | 输入输出 |
| --- | --- | --- | --- | --- |
| 01A | 研发项目部总监 | 组织团队发布考核周期内的项目目标达成情况，并根据各研发模块在项目的参与情况进行评分 | 一周 | 输入：研发项目达成情况<br>输出：各研发模块项目参与得分 |
| 01B | 各研发子模块负责人 | 研发子模块负责人对考核周期内制定的问题改善与技术导入任务完成情况进行自报得分 | 一周 | 输入：问题改善与计划任务完成情况<br>输出：各模块自评得分 |
| 02 | 研发项目部总监 | 组织团队对各研发子模块进行综合绩效打分 | 8H | 输入：项目得分与自评得分<br>输出：各研发子模块综合绩效得分 |
| 03 | 研发副总裁 | 审批研发各子模块的绩效得分 | 8H | 输入：研发各子模块综合得分<br>输出：审批综合得分 |
| 04 | 各研发子模块负责人 | 根据审批得分提报各模块的个人绩效得分 | 一周 | 输入：审批后的综合得分<br>输出：各模块自报个人绩效得分 |
| 05 | 研发项目部总监 | 审批各模块的自报得分，看是否符合绩效考核要求 | 一周 | 输入：各模块自报个人绩效得分<br>输出：审核个人绩效得分 |
| 06 | 绩效管理部经理 | 审批个人绩效得分是否符合公司统一的绩效管理要求，并给出激励方案 | 一周 | 输入：个人绩效得分<br>输出：审批得分并给出激励方案 |
| 07 | 薪酬福利部经理 | 执行激励方案 | 一周 | 输入：个人绩效激励方案<br>输出：执行个人绩效激励方案 |

以上是对需求管理模块的流程案例展示，下面进入项目管理模块。

④流程相关表格，如表 3－7、表 3－8 所示。

表 3－7　研发模块组织绩效考核表

| 被考核部门 | 考核指标 | 考核权重 | 考核目标 | 实际达成 | 考评人 |
|---|---|---|---|---|---|
| | | | | | |
| | | | | | |
| | | | | | |
| | | | | | |
| | | | | | |

表 3－8　研发模块个人绩效考核表

| 被考核个人 | 考核内容 | 考核权重 | 考核目标 | 实际达成 | 考评人 |
|---|---|---|---|---|---|
| ××× | 产品开发项目 | 40% | | | |
| | 岗位日常工作 | 30% | | | |
| | 其他关键绩效任务 | 30% | | | |

## 2. 项目管理流程设计

项目管理作为 IPD 的核心流程，要体现项目管理的核心思想，通过项目管理的工具来规范产品开发项目管理。其流程逻辑并不复杂，关键在于流程本身的设计上，因此只规划了两个核心流程，如表 3－9 所示。

表 3－9　项目管理流程

| 业务模块 | 一级流程 | 子流程 |
|---|---|---|
| 项目管理 | 研发项目立项到结项审批流程 | |
| | 研发项目绩效管理流程 | |

研发项目从立项到项目结项的审批流程是对每个研发项目的规范管

理，研发项目绩效管理流程主要是对所有研发项目进行统一的激励与考核，包括对项目经理的授权管理、各种项目管理的考核制度等，用于保障研发项目顺利实施。

（1）项目规划流程。

①流程架构卡，如表3－10所示。

**表3－10　研发项目立项到结项审批流程架构卡**

| 流程名称 | 研发项目立项到结项审批流程 | 流程层级 | L2 | 流程编码 | |
|---|---|---|---|---|---|
| 流程目的 | 规范产品开发项目的实施，确保项目达成目标 | | | | |
| 流程责任人 | 研发项目部总监 | 上一层架构 | 项目管理 | | |
| 下一层流程 | | | | | |
| 流程输入 | 产品开发项目规划 | | | | |
| 流程输出 | 产品开发项目达成目标 | | | | |
| 流程起点 | 产品开发立项 | | | | |
| 流程终点 | 产品开发项目关闭 | | | | |
| 流程度量指标 | 项目目标达成率 | | | | |

②流程示意图，如图3－5所示。

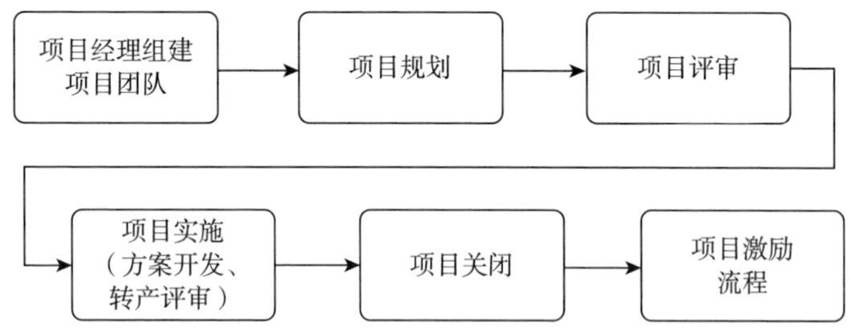


**图3－5　研发项目规划流程示意图**

③流程活动节点说明，如表3-11所示。

**表3-11　研发项目规划流程活动节点说明**

| 序号 | 活动角色 | 活动描述 | 时效 | 输入输出 |
| --- | --- | --- | --- | --- |
| 01 | 研发项目总监 | 根据产品开发立项审批任命项目经理，并授权其组建项目团队 | 一周 | 输入：研发项目经理任命<br>输出：研发项目团队组建 |
| 02 | 研发项目经理 | 输出规范项目规划方案 | 一周 | 输入：研发项目团队组建<br>输出：项目规划方案 |
| 03 | 项目评审会秘书长 | 项目评审会统一对项目规划的目标进行评审，并评定项目等级 | 一周 | 输入：项目规划方案<br>输出：评审项目等级 |
| 04 | 项目经理 | 跟踪项目的实施，各子模块的方案设计评审等，统一协调项目工作 | 8H | 输入：项目评审等级<br>输出：项目实施 |
| 05 | 项目评审会秘书长 | 组织统一对项目关闭申请进行核定，对项目达成目标进行考核，并给出激励等级 | 一周 | 输入：项目关闭申请<br>输出：项目激励等级考核 |
| 06 | 研发项目部总监 | 统一对项目绩效考核等级匹配激励方案，并申请人资执行激励 | 一周 | 输入：项目激励等级考核<br>输出：执行项目等级激励 |

④流程相关表格，如表3-12所示。

**表3-12　产品研发项目规划表**

| 项目背景 | 项目团队 | 项目目标 | 项目进度 | 关键技术措施 | 项目收益 |
| --- | --- | --- | --- | --- | --- |
| | | | | | |
| 编制 | | 审核 | | 批准 | |

（2）研发项目绩效考核流程。

研发项目管理作为项目管理的规范，对项目群进行统一管理，这个过程主要从制度上保障项目的实施，在项目实施过程中发现项目异常，或者在项目关闭后对项目团队成员的表现给出激励或考核。

①流程架构卡，如表 3－13 所示。

**表 3－13　研发项目绩效管理流程架构卡**

| 流程名称 | 研发项目绩效管理流程 | 流程层级 | L2 | 流程编码 | |
|---|---|---|---|---|---|
| 流程目的 | 统一规范研发项目管理 | | | | |
| 流程责任人 | 研发项目部总监 | 上一层架构 | 项目管理 | | |
| 下一层流程 | 无 | | | | |
| 流程输入 | 对项目达成进行激励或考核 | | | | |
| 流程输出 | 执行项目激励或考核方案 | | | | |
| 流程起点 | 发起项目激励或考核申请 | | | | |
| 流程终点 | 执行项目激励或考核方案 | | | | |
| 流程度量指标 | 研发项目目标达成率 | | | | |

②流程示意图，如图 3－6 所示。

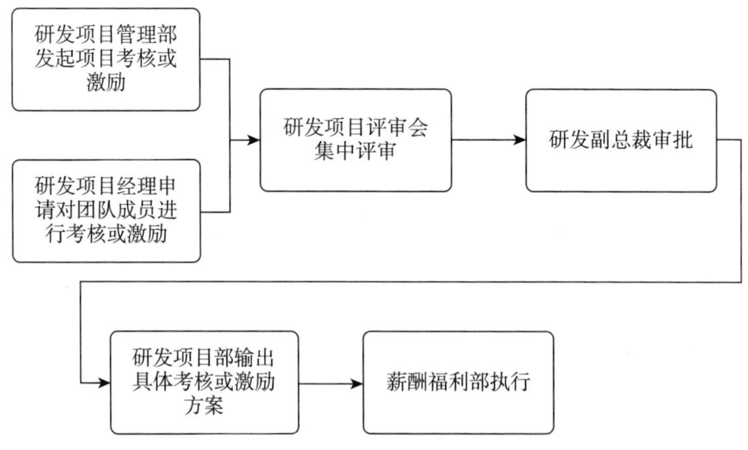


**图 3－6　研发项目绩效考核流程示意图**

③流程活动节点说明，如表3－14所示。

**表3－14　研发项目绩效考核流程活动节点说明**

| 序号 | 活动角色 | 活动描述 | 时效 | 输入输出 |
|---|---|---|---|---|
| 01A | 研发项目部总监 | 组织团队定期对研发项目进展进行考评，并给出项目得分 | 一周 | 输入：研发项目达成情况<br>输出：定期项目考评得分 |
| 01B | 研发项目经理 | 对项目内的成员进行定期考评打分 | 一周 | 输入：研发项目达成情况<br>输出：项目团队内成员打分 |
| 02 | 项目评审会秘书长 | 组织研发项目评审会统一对项目与项目团队成员得分进行评审 | 8H | 输入：项目得分与团队成员得分<br>输出：审核后的项目得分与项目成员得分 |
| 03 | 研发副总裁 | 审批各项目绩效得分 | 8H | 输入：审核后的项目得分与项目成员得分<br>输出：审批后的项目得分与项目成员得分 |
| 04 | 研发项目部总监 | 组织团队根据考核得分输出绩效激励方案 | 一周 | 输入：审批后的项目得分与项目成员得分<br>输出：研发项目绩效激励方案 |
| 05 | 薪酬福利部经理 | 执行激励方案 | 一周 | 输入：研发项目绩效激励方案<br>输出：执行研发项目绩效激励方案 |

④流程相关表格，如表 3－15、表 3－16 所示。

**表 3－15　项目得分考评表**

| 项目名称 | 项目目标达成 | 项目进度达成 | 项目收益达成 | 总计得分 | 考评人 |
|---|---|---|---|---|---|
| | | | | | |
| | | | | | |
| | | | | | |
| | | | | | |

**表 3－16　项目成员激励考评**

| 项目成员 | 项目分工 | 项目任务达成 | 项目贡献 | 总计得分 | 激励金额 | 考评人 |
|---|---|---|---|---|---|---|
| | | | | | | |
| | | | | | | |

### 3. 方案开发与评审流程设计

方案开发与评审是 IPD 的核心流程，所有的开发业务都是在这个阶段完成的。根据业务架构分析，我们整理出了方案开发与评审流程规划清单，如表 3－17 所示。

**表 3－17　方案开发与评审流程规划清单**

| 业务模块 | 一级流程 | 子流程 |
|---|---|---|
| 方案开发与评审 | 方案开发与评审流程 | 各子模块方案开发流程 |
| | 样品制作流程 | |
| | 设计问题整改流程 | |

（1）方案开发与评审流程。

这里介绍的方案开发与评审流程是通用性的流程，实际展开还是要以子流程的操作规范来确定日常工作。

①流程架构卡，如表 3－18 所示。

**表 3－18　方案开发与评审流程架构卡**

| 流程名称 | 方案开发与评审流程 | 流程层级 | L2 | 流程编码 | |
|---|---|---|---|---|---|
| 流程目的 | 规范线索转销售项目立项流程，提高线索转换成功率 | | | | |
| 流程责任人 | 营销副总裁 | 上一层架构 | 方案开发与评审 | | |
| 下一层流程 | 无 | | | | |
| 流程输入 | 研发项目规划 | | | | |
| 流程输出 | 各子模块方案评审通过 | | | | |
| 流程起点 | 项目规划发布 | | | | |
| 流程终点 | 样品转试产评审通过 | | | | |
| 流程度量指标 | 转试产通过率、开发问题关闭率 | | | | |

②流程示意图，如图 3－7 所示。

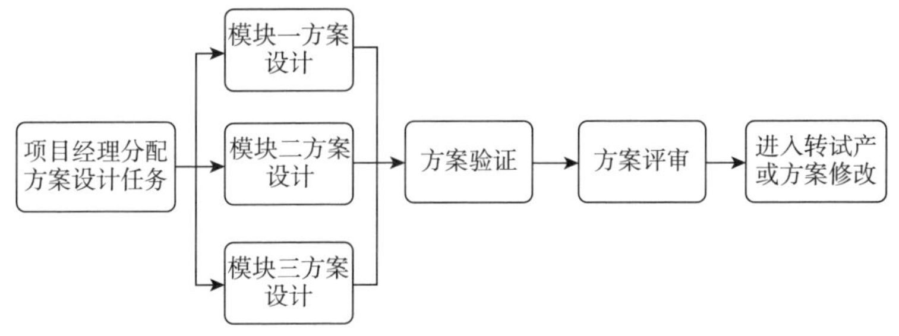


**图 3－7　方案开发与评审流程示意图**

③流程活动节点说明，如表 3－19 所示。

**表 3－19　案开发与评审流程活动节点说明**

| 序号 | 活动角色 | 活动描述 | 时效 | 输入输出 |
|---|---|---|---|---|
| 01 | 研发项目经理 | 根据项目规划分配各子模块的开发任务 | 8H | 输入：研发项目规划<br>输出：各子模块开发任务 |

续表

| 序号 | 活动角色 | 活动描述 | 时效 | 输入输出 |
|---|---|---|---|---|
| 02 | 各子模块项目成员 | 根据项目规划执行研发方案设计 | 任务时效 | 输入：各子模块开发任务<br>输出：各子模块设计方案 |
| 03 | 项目经理 | 组织对方案进行打样验证 | 一周 | 输入：各子模块设计方案<br>输出：样品验证 |
| 04 | 项目经理 | 组织项目团队、相关方参与对方案及样品进行评审 | 8H | 输入：方案与样品<br>输出：评审结论 |
| 05 | 项目经理 | 如果评审通过，则进入下一个开发环节；如果评审不通过，则主导进行方案修改 | 8H | 输入：评审结论<br>输出：转试产或修改方案 |

以上流程示只是简单地描述了各个关键节点的流程要求，真正要展开这个流程会有很多子流程，以及各个不同的流程要求。各位读者朋友要根据所在公司的实际情况展开子流程。而且也不一定所有模块都可以并行异步开发，也有部分开发模块是必须串行的，要根据实际情况来定。

④流程相关表格，如表3－20、表3－21所示。

**表3－20　项目任务分配表**

| 项目阶段 | 项目任务 | 关键输出 | 责任人 | 完成时间 | 备注 |
|---|---|---|---|---|---|
| | | | | | |
| | | | | | |
| | | | | | |

**表3－21　方案设计与评审表**

| 项目需求 | 设计方案（看附件） | 功能评审 | 外观评审 | 材料评审 | 评审结论 |
|---|---|---|---|---|---|
| | | | | | |
| | | | | | |
| | | | | | |

（2）研发子模块方案开发与评审流程。

①流程架构卡，如表3-22所示。

**表3-22 研发子模块方案开发与评审流程架构卡**

| 流程名称 | 研发子模块方案开发与评审流程 | 流程层级 | L2 | 流程编码 | |
|---|---|---|---|---|---|
| 流程目的 | 规范研发子模块的开发过程管理 | | | | |
| 流程责任人 | 子模块负责人 | 上一层架构 | 管理合同 | | |
| 下一层流程 | 无 | | | | |
| 流程输入 | 方案开发任务 | | | | |
| 流程输出 | 子模块方案 | | | | |
| 流程起点 | 方案开发任务下达 | | | | |
| 流程终点 | 方案评审通过转试产 | | | | |
| 流程度量指标 | 转试产通过率，研发问题关闭率 | | | | |

②流程示意图，如图3-8所示。

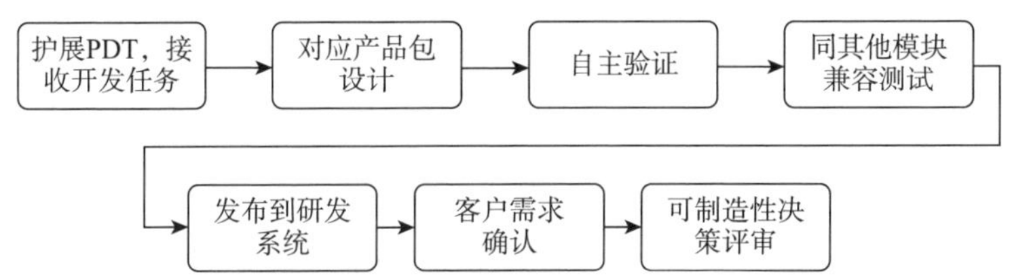


**图3-8 子模块方案开发与评审流程示意图**

③流程活动节点说明，如表3-23所示。

**表3-23 子模块方案开发与评审流程活动节点说明**

| 序号 | 活动角色 | 活动描述 | 时效 | 输入输出 |
|---|---|---|---|---|
| 01 | 子模块负责人 | 根据开发任务成立产品开发团队（PDT），明确开发任务，提出相关要求 | 8H | 输入：产品开发任务<br>输出：团队任务分配 |

续表

| 序号 | 活动角色 | 活动描述 | 时效 | 输入输出 |
|---|---|---|---|---|
| 02 | 对应责任人 | 输出对应的产品设计任务 | 任务时效 | 输入：团队任务分配<br>输出：对应产品设计 |
| 03 | 子模块负责人 | 组织对方案进行打样验证 | 一周 | 输入：对应产品设计<br>输出：自主验证 |
| 04 | 项目经理 | 组织项目团队及相关方参与对各不同模块的兼容性测试 | 一周 | 输入：自主验证<br>输出：兼容验证 |
| 05 | 子模块负责人 | 对兼容验证通过的发布到研发管理系统 | 8H | 输入：兼容验证<br>输出：设计方案发布 |
| 06 | 销售经理 | 从客户角度对产品开发需求进行确认 | 任务时效 | 输入：设计方案发布<br>输出：客户的需求对接确认 |
| 07 | 生产代表 | 从内部制造角度对方案进行可制造性评审确认 | 任务时效 | 输入：设计方案发布<br>输出：方案可制造性评审确认 |

我们可以看到子模块的开发流程包括自主验证、同其他模块的兼容测试，然后是同客户的需求对接确认，最后是决策评审。这样的开发流程设计相对来说比较严谨，如果能通过研发系统固化这些流程会取得更好的效果。

④流程相关表格。

此流程相关表格同上个流程的表格内容可以通用，不同的是主导责任人不一样，请参考方案开发与评审流程的相关表格。

（3）样品制作流程。

在方案开发与评审阶段，都会涉及样品制作，因此非常有必要规范样品制作流程。

①流程架构卡，如表 3－24 所示。

**表 3－24　样品制作流程架构卡**

| **流程名称** | 样品制作流程 | **流程层级** | L2 | **流程编码** | |
|---|---|---|---|---|---|
| **流程目的** | 规范样品制作 | | | | |
| **流程责任人** | 研发项目部总监 | **上一层架构** | 方案开发与评审 | | |
| **下一层流程** | 无 | | | | |
| **流程输入** | 样品制作需求 | | | | |
| **流程输出** | 样品输出 | | | | |
| **流程起点** | 下达样品制作任务 | | | | |
| **流程终点** | 样品寄送 | | | | |
| **流程度量指标** | 样品合格率 | | | | |

②流程示意图，如图 3－9 所示。

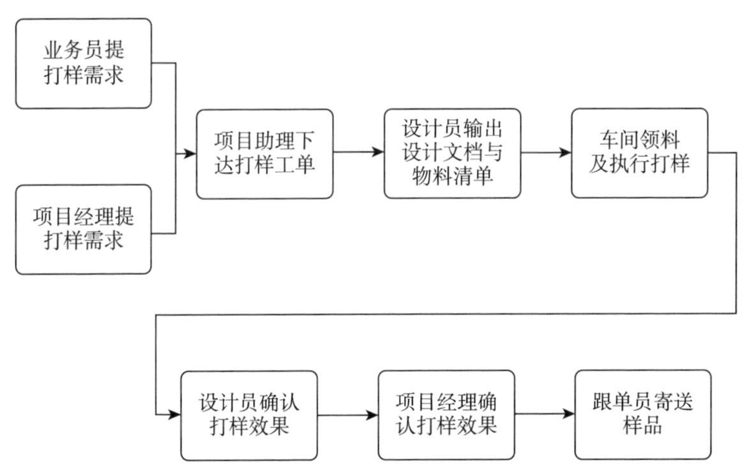


**图 3－9　样品制作流程示意图**

③流程活动节点说明，如表 3－25 所示。

**表 3－25　样品制作流程活动节点说明**

| 序号 | 活动角色 | 活动描述 | 时效 | 输入输出 |
| --- | --- | --- | --- | --- |
| 01A | 销售人员 | 根据客户的需求提出打样需求 | －－ | 输入：客户打样需求<br>输出：转换客户打样需求 |
| 01B | 研发项目经理 | 根据项目需要提出打样需求（此处也可以由子模块负责人提需求，项目经理审核需求） | －－ | 输入：项目进展需要打样<br>输出：样品制作需求 |
| 02 | 项目助理 | 根据需求下达打样工单 | 8H | 输入：打样需求<br>输出：打样工单下达 |
| 03 | 方案设计员 | 给出样品制作图纸、工艺、物料清单 | 8H | 输入：打样工单<br>输出：样品制作图纸、工艺、物料清单 |
| 04 | 车间负责人 | 根据设计图纸、工艺物料清单领料制造样品及打样工单要求制作样品 | 任务时效 | 输入：样品制作工单<br>输出：样品制作 |
| 05 | 设计员 | 确认打样效果 | 4H | 输入：样品制作<br>输出：样品效果确认 |
| 06 | 项目经理 | 确认打样效果 | 4H | 输入：样品制作<br>输出：样品效果确认 |
| 07 | 跟单员 | 将确认好的样品寄送给客户确认 | 4H | 输入：样品制作<br>输出：样品效果确认 |

④流程相关表格，如表 3－26、表 3－27 所示。

**表 3－26　样品制作申请表**

| 项目编号 | 产品名称 | 材料说明 | 工艺要求 | 结构要求 | 制作数量 | 完成时间 | 项目经理确认 |
| --- | --- | --- | --- | --- | --- | --- | --- |
| | | | | | | | |

续表

| 项目编号 | 产品名称 | 材料说明 | 工艺要求 | 结构要求 | 制作数量 | 完成时间 | 项目经理确认 |
|---|---|---|---|---|---|---|---|
| | | | | | | | |
| | | | | | | | |

**表 3－27 样品检验表**

| 项目编号 | 产品名称 | 结构外观测试 | 功能测试 | 材料成本 | 检验结论 | 项目经理确认 |
|---|---|---|---|---|---|---|
| | | | | | | |
| | | | | | | |
| | | | | | | |

（4）设计问题整改流程。

在方案设计与评审过程中会发现很多设计问题，针对这些问题要制定针对性的改善流程，以确保问题不会遗留到下一个流程阶段。

①流程架构卡，如表 3－28 所示。

**表 3－28 设计问题整改流程架构卡**

| 流程名称 | 设计问题整改流程 | 流程层级 | L2 | 流程编码 | |
|---|---|---|---|---|---|
| 流程目的 | 规范方案设计与评审中发现的问题改善闭环 | | | | |
| 流程责任人 | 研发项目部总监 | 上一层架构 | 方案开发与评审 | | |
| 下一层流程 | 无 | | | | |
| 流程输入 | 设计问题 | | | | |
| 流程输出 | 问题改善闭环 | | | | |
| 流程起点 | 发现问题 | | | | |
| 流程终点 | 问题改善闭环 | | | | |
| 流程度量指标 | 研发设计问题关闭率 | | | | |

②流程示意图，如图 3－10 所示。

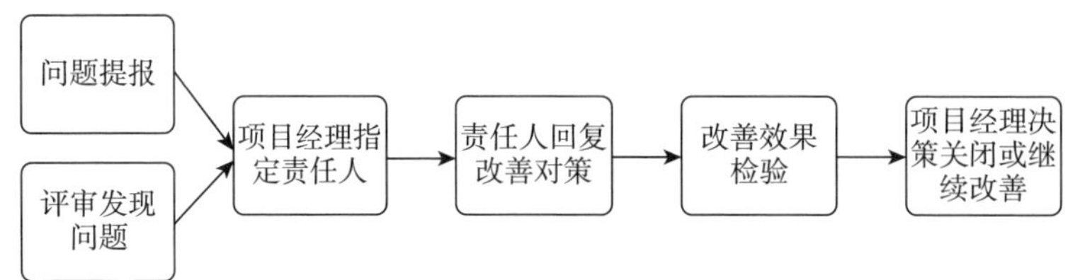


**图 3－10　设计问题整改流程示意图**

③流程活动节点说明，如表 3－29 所示。

**表 3－29　设计问题整改流程活动节点说明**

| 序号 | 活动角色 | 活动描述 | 时效 | 输入输出 |
|---|---|---|---|---|
| 01A | 项目成员自主提报问题 | 产品开发项目团队成员自主提报发现的问题 | －－ | 输入：发现的开发问题<br>输出：提报问题 |
| 01B | 项目评审中发现问题 | 产品开发过程中评审时发现的委托 | －－ | 输入：发现的开发问题<br>输出：提报问题 |
| 02 | 研发项目经理 | 根据问题内容指定责任人解决问题 | 8H | 输入：提报问题<br>输出：指定责任人解决问题 |
| 03 | 责任人 | 回复改善对策与完成时间 | 8H | 输入：指定责任人<br>输出：问题改善对策与完成时间 |
| 04 | 项目成员 | 对问题的改善效果进行评审检验 | 任务时效 | 输入：问题改善对策<br>输出：实际改善效果检验 |
| 05 | 项目经理 | 判断问题是否可以关闭，如果不能关闭，仍然指定责任人继续改善 | 4H | 输入：实际改善效果检验<br>输出：决策问题是否关闭 |

④流程相关表格，如表3－30所示。

表3－30　研发设计问题整改跟踪表

| 问题类别 | 问题描述 | 问题提报人 | 责任人回复 | 改善效果追踪 | 项目经理确认 |
|---|---|---|---|---|---|
| | | | | | |
| | | | | | |
| | | | | | |

**4. 转试产评审流程设计**

方案开发与评审阶段完成后就进入转试产评审阶段，在这个阶段主要规划了两个核心流程，如表3－31所示。

表3－31　转试产评审流程

| 业务模块 | 一级流程 | 子流程 |
|---|---|---|
| 转试产评审 | 转试产评审流程 | 无 |
| | 小批量试产流程 | 无 |

转试产评审与小批量试产是属于产品开发的两个紧密衔接阶段。转试产评审是研发的技术人员对设计的方案进行了样品制作，此时的样品有很多缺陷，甚至很多部分是手工完成的，这样的样品制作很难发现一些严重的问题。因此，非常有必要进行一次集中评审后进行数百到数千的小批量试产，这样才能发现更多的设计问题。

（1）转试产评审流程。

①流程架构卡，如表3－32所示。

表3－32　转试产评审流程架构卡

| 流程名称 | 转试产评审流程 | 流程层级 | L2 | 流程编码 | |
|---|---|---|---|---|---|
| 流程目的 | 规范转试产评审 | | | | |

续表

| 流程责任人 | 研发项目部总监 | 上一层架构 | 转试产评审 |
|---|---|---|---|
| 下一层流程 | 无 | | |
| 流程输入 | 转试产评审申请 | | |
| 流程输出 | 转试产评审决议 | | |
| 流程起点 | 转试产申请 | | |
| 流程终点 | 转试产评审通过或退回 | | |
| 流程度量指标 | 试产问题遗留率 | | |

②流程示意图，如图 3－11 所示。

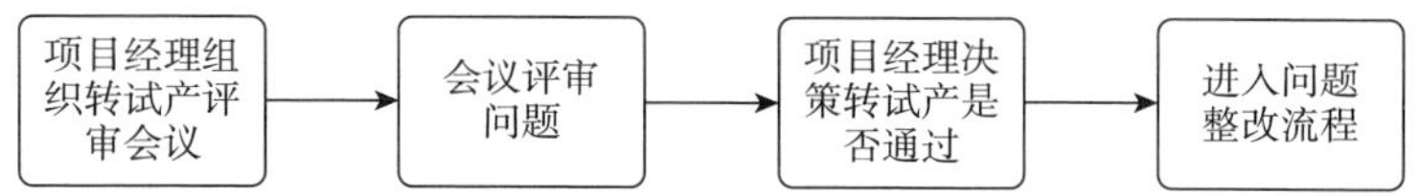


**图 3－11　转试产评审流程示意图**

③流程活动节点说明，如表 3－33 所示。

**表 3－33　转试产评审流程活动节点说明**

| 序号 | 活动角色 | 活动描述 | 时效 | 输入输出 |
|---|---|---|---|---|
| 01 | 项目经理 | 根据项目进度组织召开转试产评审会议 | 8H | 输入：项目进度要求<br>输出：组织召开转试产评审会议 |
| 02 | 项目助理 | 整理项目评审会评审的问题点，输出会议记录 | 任务时效 | 输入：召开评审会议<br>输出：评审会会议记录 |
| 03 | 项目经理 | 决策是否转试产，并对转产问题进行整理跟进 | 一周 | 输入：评审会会议记录<br>输出：转试产决议 |
| 04 | 子流程 | 进入转产问题整改流程 | 一周 | 输入：转试产决议<br>输出：转产问题整改 |

④流程相关表格，如表 3－34 所示。

**表 3－34 转试产评审表**

| 项目编号 | 产品型号 | 结构 | 功能 | 外观 | 质量标准 | 可制造性 | 综合结论 | 项目经理 |
|---|---|---|---|---|---|---|---|---|
| | | | | | | | | |
| | | | | | | | | |
| | | | | | | | | |

（2）小批量试产流程。

①流程架构卡，如表 3－35 所示。

**表 3－35 小批量试产流程架构卡**

| 流程名称 | 小批量试产流程 | 流程层级 | L2 | 流程编码 | |
|---|---|---|---|---|---|
| 流程目的 | 规范小批量试产过程 | | | | |
| 流程责任人 | 研发项目部总监 | 上一层架构 | 转试产评审 | | |
| 下一层流程 | 无 | | | | |
| 流程输入 | 小批量试产任务 | | | | |
| 流程输出 | 小批量试产结论 | | | | |
| 流程起点 | 发起小批量试产 | | | | |
| 流程终点 | 对小批量试产结果进行评审给出结论 | | | | |
| 流程度量指标 | 试产问题关闭率 | | | | |

②流程示意图，如图 3－12 所示。

**图 3－12 小批量试产流程示意图**

③流程操作细节，如表3-36所示。

表3-36 小批量试产流程操作细节

| 序号 | 活动角色 | 活动描述 | 时效 | 输入输出 |
|---|---|---|---|---|
| 01 | 项目经理 | 分配小批量试产任务 | 8H | 输入：项目进度要求<br>输出：小批量试产任务分配 |
| 02 | 各模块责任人 | 执行任务分配，完成试产准备工作 | 任务时效 | 输入：小批量试产任务分配<br>输出：试产准备工作 |
| 03 | 试产车间负责人 | 执行试产任务 | 一周 | 输入：试产准备工作<br>输出：执行小批量试产 |
| 04 | 项目评审会秘书长 | 组织对小批量试产结果进行评审，输出问题汇总表 | 一周 | 输入：小批量试产完成<br>输出：小批量试产评审结论 |
| 05 | 项目经理 | 发起转量产评审申请，进入转量产评审流程 | 一周 | 输入：小批量试产评审结论<br>输出：转量产评审申请 |

④流程相关表格，如表3-37所示。

表3-37 小批量试产跟踪表

| 项目编号 | 产品型号 | BOM 制作 | 材料准备 | 试产线责任人 | 品质检验 | 综合评审 | 项目经理确认 |
|---|---|---|---|---|---|---|---|
| | | | | | | | |
| | | | | | | | |
| | | | | | | | |

**5. 转量产评审流程设计**

转量产评审与转试产评审的流程差不多，不同的是转量产阶段，主导的责任部门由研发项目团队转变成了生产技术部。研发项目经理要投入更多的精力到新开发的项目中，但是针对试产遗留到量产的问题，解决责任人还是研发项目团队。先来看看表 3－38 的流程规划清单。

**表 3－38　转量产评审流程**

| 业务模块 | 一级流程 | 子流程 |
| --- | --- | --- |
| 转量产评审 | 转量产评审流程 | 无 |
|  | 量产问题管理流程 | 无 |

（1）转量产评审流程。

①流程架构卡，如表 3－39 所示。

**表 3－39　转量产评审流程架构卡**

| 流程名称 | 转量产评审流程 | 流程层级 | L2 | 流程编码 |  |
| --- | --- | --- | --- | --- | --- |
| 流程目的 | 规范转量产评审 |  |  |  |  |
| 流程责任人 | 研发项目部总监 | 上一层架构 | 转试产评审 |  |  |
| 下一层流程 | 无 |  |  |  |  |
| 流程输入 | 转量产评审申请 |  |  |  |  |
| 流程输出 | 转量产评审决议 |  |  |  |  |
| 流程起点 | 转量产申请 |  |  |  |  |
| 流程终点 | 转量产评审通过或退回 |  |  |  |  |
| 流程度量指标 | 转量产问题遗留率 |  |  |  |  |

②流程示意图，如图 3－13 所示。

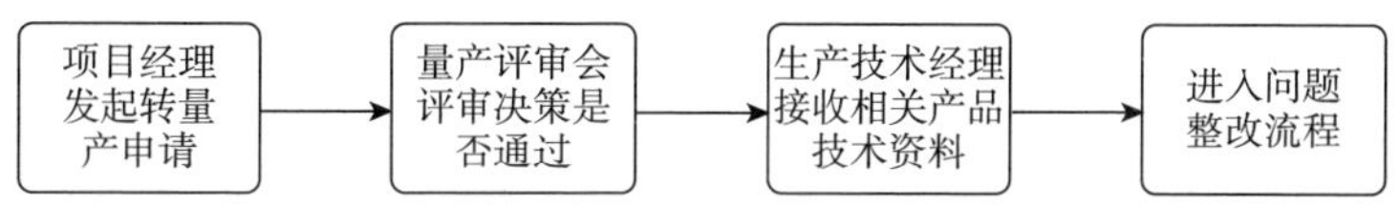


**图 3－13　转量产评审流程示意图**

③流程活动节点说明，如表 3－40 所示。

**表 3－40　转量产评审流程活动节点说明**

| 序号 | 活动角色 | 活动描述 | 时效 | 输入输出 |
|---|---|---|---|---|
| 01 | 项目经理 | 根据项目进度发起转量产评审申请 | 8H | 输入：项目进度要求<br>输出：转量产评审申请 |
| 02 | 转量产评审会秘书长 | 组织召开转量产评审会，评审转量产申请，输出评审结论与问题汇总 | 任务时效 | 输入：转量产评审申请<br>输出：转量产评审决议 |
| 03 | 生产技术经理 | 转量产通过则同项目经理完成转量产产品技术资料交接，以及市场遗留问题清单 | 一周 | 输入：评审会决议<br>输出：转量产技术资料交接与问题清单 |
| 04 | 子流程 | 进入转量产问题整改流程 | 一周 | 输入：转试产决议<br>输出：转量产问题整改 |

④流程相关表单，如表 3－41 所示。

转试产与转量产的表格内容差不多，不同的是量产对可制造性评审的要求更高。

**表 3－41　转量产评审表**

| 项目编号 | 产品型号 | 结构 | 功能 | 外观 | 质量标准 | 可制造性 | 遗留问题与责任人 | 项目经理 |
|---|---|---|---|---|---|---|---|---|
| | | | | | | | | |
| | | | | | | | | |
| | | | | | | | | |

（2）量产问题整改流程。

①流程架构卡，如表3－42所示。

**表3－42　量产问题整改流程架构卡**

| 流程名称 | 量产问题整改流程 | 流程层级 | L2 | 流程编码 | |
|---|---|---|---|---|---|
| 流程目的 | 规范转量产后的试产遗留问题整改业务 | | | | |
| 流程责任人 | 研发项目部总监 | 上一层架构 | 转试产评审 | | |
| 下一层流程 | 无 | | | | |
| 流程输入 | 试产问题汇总 | | | | |
| 流程输出 | 转量产问题改善效果 | | | | |
| 流程起点 | 问题改善任务 | | | | |
| 流程终点 | 改善效果检验 | | | | |
| 流程度量指标 | 试产遗留问题关闭率 | | | | |

②流程示意图，如图3－14所示。

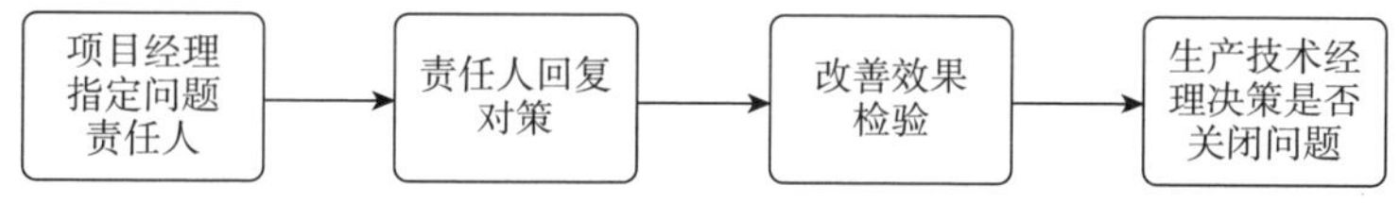


**图3－14　量产问题整改流程示意图**

③流程活动节点说明，如表3－43所示。

**表3－43　量产问题整改流程活动节点说明**

| 序号 | 活动角色 | 活动描述 | 时效 | 输入输出 |
|---|---|---|---|---|
| 01 | 项目经理 | 根据问题描述指定责任人改善 | 8H | 输入：试产问题清单<br>输出：问题整改责任人 |
| 02 | 责任人 | 回复改善对策与完成时间 | 8H | 输入：问题整改责任人<br>输出：问题改善对策与完成时间 |

续表

| 序号 | 活动角色 | 活动描述 | 时效 | 输入输出 |
|---|---|---|---|---|
| 03 | 项目评审会秘书长 | 组织召开项目评审，对改善效果进行评审检验 | 任务时效 | 输入：问题改善对策<br>输出：问题改善效果 |
| 04 | 生产技术经理 | 决策问题是否关闭，并根据责任人改善情况发起考核或激励 | 一周 | 输入：问题改善效果<br>输出：问题关闭或继续改善 |

④流程相关表格，如表 3－44 所示。

**表 3－44　研发遗留量产问题改善跟踪表**

| 问题类别 | 问题描述 | 研发责任人 | 量产段责任人 | 改善效果追踪 | 项目经理确认 |
|---|---|---|---|---|---|
| | | | | | |
| | | | | | |
| | | | | | |

## 小结

本节主要介绍了研发模块业务架构下展开的核心流程案例，根据这些流程案例，基本能保证 IPD 流程能走通，但是在具体的研发业务与评审标准上要依据所在公司的实际情况而定。

通过 IPD 流程案例的介绍我们看到了标准岗位间的串接、各流程的串接，这些都是在业务架构的范围下展开的，所以业务架构的设计对流程梳理是非常重要的。但是只靠流程还不够，后面章节中我们将继续介绍 IT、组织与绩效管理对业务架构落地的促进作用。

## 第四节　PLM（产品生命周期管理）系统应用

什么是PLM系统?

早期为了配合研发模块IPD流程的功能实现，应用的是PDM（产品数据管理）系统。PDM（Product Data Management）是一门用来管理所有与产品相关信息（包括零件信息、配置、文档、CAD文件、结构、权限信息等）和所有与产品相关过程（包括过程定义和管理）的技术。但是在实际应用中慢慢发现，其功能不足以支撑完整的产品研发流程，所以就有了PLM系统。PLM（Product Lifecycle Management）是一种以产品创新为主的战略管理方法。支持企业内或企业间从产品概念设计到产品使用及退市过程中产品信息的协同设计、生产、管理、分发和应用。

PLM系统的出现解决了IPD流程的固化问题，国内企业的文化大多是靠人盯人，这就造成了流程落地的难度，而通过 PLM 系统固化流程，很多规范的操作就不需要人来追踪，还可以通过系统进行防呆防错，并对文档进行统一管理。

下面为大家介绍一下 PLM 系统的功能，更详细的信息大家可以查看更专业的 PLM 系统介绍书籍。如图 3－15 所示。

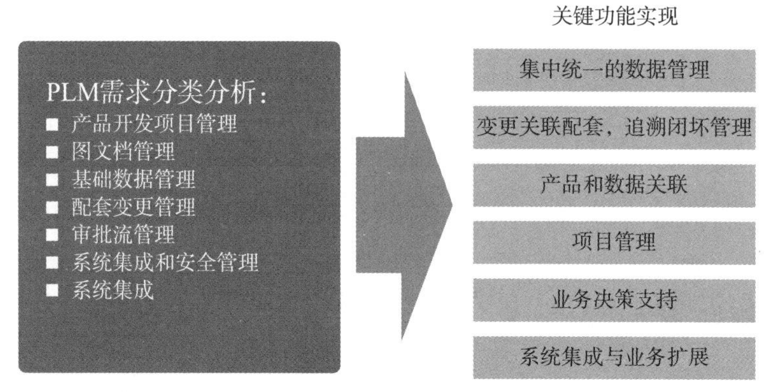


**图 3－15 PLM 系统功能需求分析**

### 1. 集中统一的数据管理

在没有 PLM 系统之前，信息传递靠什么呢？电话、邮件。项目多了，要找一份资料就要在邮件中反复查找，或者翻遍自己的电脑与文件，做得好一点的可以存在公共盘里，可是公共盘里的文件存放也是无规则的，同一份资料有几个版本，以哪一份为准呢？我们前面讲的案例，电话传递的需求或者不准确，或者忘记了，或者不规范，这样的数据信息传递过来，研发项目能有几个实现的？

所以，PLM 系统首先要构建的是数据管理能力。从产品开发的需求端开始存放在系统中，每个流程环节的人都可以在系统中看到准确的数据需求，并可以查询需求变更的记录、变更的具体内容，可以在开发过程中有针对性地完善。而开发过程的参数资料呢？可以更好地传递给业务相关人员，通过对数据参数的审查核对，进而早发现、早解决产品问题，避免客户不满意，或者使问题遗留到量产才发现。

**2. 变更关联配套，追溯闭环**

前面说了 PLM 系统在需求变更后及时准确传递的功能，PLM 系统还有一个功能就是对变更的需求与信息关联的防错、防呆。比如 ECN 变更，只要在系统中设置好条件，就会自动产生工作任务，对应的负责人必须接收工作任务，并根据要求完成工作，将结果上传至系统。如果任务没有完成就会一直停留在此，系统通过邮件、微信等提醒负责人，超过一定时效还未处理，则工作任务会自动跳转到负责人的上级领导那里。如果流程设置得足够完善，ECN 流程的结果会自动通知发起需求变更的人，并统计变更后相关的数据结果。

**3. 产品和数据关联**

终端客户（消费者）对于产品的认识比较感官化，说这个产品好，就是美观、耐用，而制造业中的商业客户是否也是这样评价呢？是否有可量化的数据标准呢？比如美观，能否由曲面度来衡量呢？耐用，能否用材质的厚度、抗击打、跌落测试数据来体现呢？成本是否将材料成本、制造成本、运输成本考虑在内呢？这么多的产品功能如何通过数据关联起来呢？在没有系统之前，从人的习惯来讲，不愿意面对，也面对不了这些产品数据。但是在 PLM 系统中设定好参数，每个产品的数据通过历史数据库自动匹配参数，再由人进行分析、判断，并且在实际产品开发的过程中将这些参数作为产品的考核标准，就让产品和数据自动联系在一起了。

**4. 项目管理**

有人可能会说，没有PLM系统的时候我们也有项目管理，PLM系统到底能在项目管理上做什么事呢？项目管理是对整个产品开发过程的管理，从产品立项开始到产品开发结束（项目结项），中间的过程需要运用科学的项目管理规则，在项目成员管理、目标管理、里程碑规划、实施跟进、变更管理、结项评审等方面设定好管理参数，不同的阶段都能在系统内进行串接，及时有效地跟踪项目进度、反馈项目问题。PLM系统将项目管理的过程通过系统连接，将项目的每个阶段都在系统中体现，使项目进度透明化、项目任务具体化、项目的输出要求标准化。

**5. 业务决策支持**

面对很多新产品开发的决策问题，如产品价格、功能需求、产品利润率的决策，如何让同客户对接的销售人员及公司高层给出科学合理的决策参考，而不是靠感性、感觉、经验来做决定？PLM系统有完整的大数据统计功能，比如历史产品开发的成本数据、产品失败数据、历史遗留问题记录等，这些数据支撑的功能都能在未来的产品决策中给各个关键岗位，以及负责产品研发的高层领导提供决策支持。

**6. 业务系统集成和业务扩展**

目前大多数公司的组织架构都是职能式，按照工作模块来划分的，这样确实满足了管理模块化的细分要求，但也造成了部门墙或模块墙，所以有人称之为“抛墙式”管理。但只靠人或流程规定来打通各模块的业务集成还不够，毕竟每个人的工作习惯都是不一样的，也是难以改变的，所以 PLM 系统是很好的业务系统集成管理工具，它同 CRM 系统、ERP 系统，甚至是 MES 系统对接好，就能实现数据自动采集、信息传递、任务抛转的功能，这样也就很好地展现了业务系统集成与业务扩展的能力。

**7. 如何有效实施 PLM 系统**

PLM 系统的实施对企业是非常重要的，每个企业的情况不同，在实施过程中可能会遇到不同的问题。除了前面讲的 CRM 系统实施中会遇到的一些问题，比如业务架构的梳理、理念的普及等共性问题外，还需要注意以下问题：

（1）PLM 系统选型。

PLM 系统的选型要注意以下三个方面：

第一，PLM 系统的功能是否符合企业需求。有些企业的规模不大，但是盲目追求 PLM，结果发现很多功能用不上，浪费了成本不说，还增加了后期的维护费用。但具有一定规模的企业，为了片面节省成本，很多功能没有一起上线，在实施中却发现很多功能必不可少又追加预算，拖长了系统的上线周期。所以，对需求的分析是非常重要的，企业的规模、产品开发战略定位、研发组织的配套设计，以及同其他模块的业务交叉问题等，都要做好科学的分析。

第二，PLM 系统的技术架构是否成熟、运行是否稳定、是否经过大量业务数据的考验，最好是对标跟你所在企业行业规模差不多的企业，参考他们的系统实施经验。

第三，PLM 软件是否有足够的扩展性，企业导入一个系统不仅是为了满足当前的业务需要，还要考虑将来的扩展性与兼容性。比如原来企业集中在电子制造领域，要成立一个新的事业部在消费品领域进行扩展，系统能否支持？要关注该系统能否提供开放的二次开发平台，以适应企业的个性化需求。

目前的PLM软件市场，可以分为国外PLM软件与国产PLM软件两大阵营。国外的软件起步早，功能比较完善。国内软件近年来也取得了较大进步，初步具备了国外软件的一些功能。具体选择哪类软件还要看公司自身的需求及自身的实力。

（2）PLM实施团队选择。

PLM项目的实施团队，对PLM项目实施的成败起着决定性的作用。通常情况下，实施团队会由项目经理、业务顾问、实施顾问、开发顾问、培训讲师、关键用户等不同角色担任。项目经理一般由企业内部的人担任，但是实施方也会出一名项目副经理，负责实施团队的整体协调。业务顾问包括流程架构负责人及对应研发模块的业务专家，负责PLM系统的整体业务架构设计，以及分级分类的子业务模块流程设计。实施顾问一般是由系统实施商的团队负责，整理业务架构需求，做好系统的蓝图设计，开发顾问则负责系统开发。培训讲师负责理念的宣导、系统的操作培训等。关键用户则由研发模块的业务代表担任，负责参与前期的业务架构与流程设计、系统的上线测试运行等工作。

整个实施团队的各个角色都是非常重要的，如果项目较小，一人负责多个角色也是可能的，但是对应的各项工作都不能少，否则会影响后期系统的上线效果。

（3）企业上下一致，共同参与。

企业内特别是核心团队的积极参与是非常重要的。研发模块的人一般比较忙，系统实施本身有大量的研讨与分析工作。在系统架设前期，企业未能积极参与，后面系统即便上线了，用户也不会满意，因为不是最佳业务实践，系统是规则的集成，如果规则不合理，会影响业务运行效果，严重的可能会导致企业将系统束之高阁，仍然以纸单、邮件等方式来运行。一旦发生这种情况，PLM 系统的导入就是失败的。

## 小结

本节主要介绍 IPD 流程的固化系统——PLM 系统的功能，以及如何导入 PLM 系统，流程与 IT 要紧密结合才能产生好的效果。

下一节将介绍研发模块的组织与绩效管理在业务架构落地中发挥的作用。

# 第五节 组织与绩效管理在研发业务架构模块中的应用

### 1. 研发模块组织管理

我们在战略落地执行地图中已经强调过了组织要符合业务架构的要求，现在我们先回顾一下研发模块的业务架构规划，根据业务架构规划与研发战略要求来设计研发的组织架构。如图 3－16 所示。

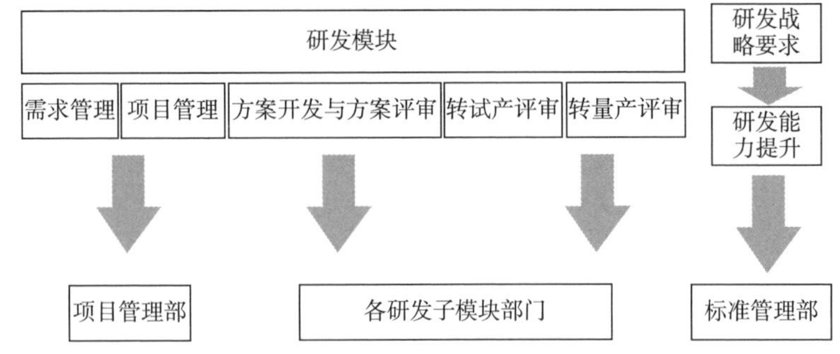


图 3－16 研发模块组织架构规划来源

根据以上分析已经可以明确研发模块的组织架构了，再结合实际业务分析，我们建议的通用版研发模块组织架构图包含以下三大模块：

研发项目管理部：负责所有研发项目管理，项目经理都归属在这个部门，同时负责研发整体的预算与绩效管理。

各研发子模块：根据研发内部的专业分工，成立各个研发子模块部门，负责专业领域的技术，同时分别指派专人参与各产品开发项目，受研发项目经理的统一调配。

标准管理部：承接研发的战略要求，统一对研发的材料、工艺、技术进行认证与管理，包括研发专利管理、新技术的研究、标准颁布等工作。如图 3－17 所示。

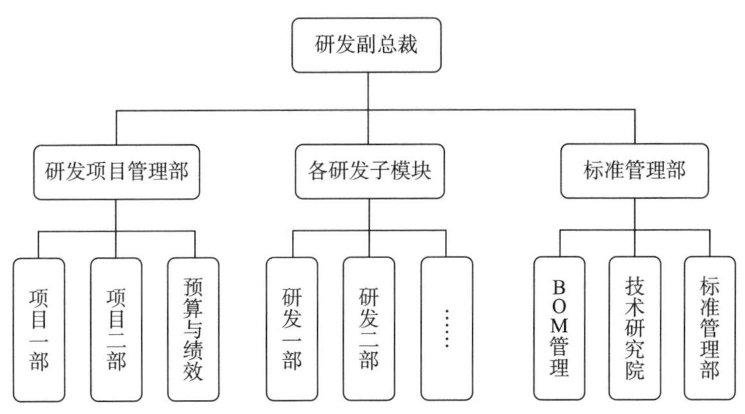


**图 3－17　研发模块组织架构**

图 3－17 是研发模块的实体组织架构，为了达成研发模块业务架构与战略目标，只靠实体组织架构还不够，需要对研发项目组织架构进行规范管理，通过研发项目组织打通各实体组织部门墙，通过 IPD 流程规范业务，才能让研发模块的业务架构真正在实际工作中产生作用。

研发项目组织架构，如图 3－18 所示。

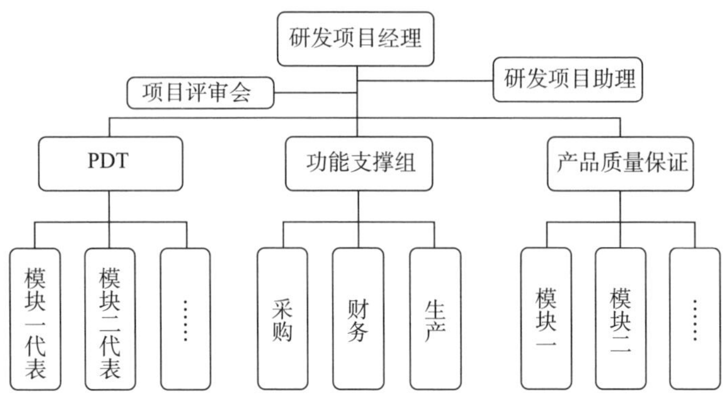


**图 3－18 研发项目组织架构**

研发项目团队各角色的职责分工，如表 3－45 所示。

**表 3－45 研发项目团队各角色的职责分工**

| 履行者 | 职责 |
| --- | --- |
| 研发项目经理（也称产品开发项目经理） | ◆按照在计划决策评审点与产品线签订的合同中达成共识的成功标准做出承诺，对项目的成功负责<br>◆组建、管理和领导 PDT 核心组<br>◆将 IPD 作为一种业务管理体系，用它来驱动跨功能部门的产品/产品包的规划及其执行<br>◆制定和管理跨功能部门的产品/产品包计划<br>◆确定和管理产品/产品包与跨功能部门的依赖关系<br>◆确定和管理技术/平台之间的依赖关系<br>◆确保开发、营销、财务、采购、制造、技术支援和销售计划之间的相互沟通<br>◆获得产品线对 PDT 在概念、计划和可获得性决策评审上所提建议的承诺<br>◆开发项目交付件，实现预算和进度承诺，即对项目进行管理<br>◆管理产品包的盈亏<br>◆保持团队的沟通<br>◆无法达成一致时，做出决策<br>◆将对项目的责任分配到各 PDT 核心组成员<br>◆根据需要，要求增加团队成员<br>◆制定和维护项目计划，确保按照进度、预算和规格执行各项活动<br>◆维护集中的集成项目文件<br>◆跟踪问题，直至解决 |

续表

| 履行者 | 职责 |
| --- | --- |
| 研发项目经理（也称产品开发项目经理） | ◆管理项目变更控制<br>◆明确项目风险，制定相应的风险管理策略及计划，并在需要时执行这些计划<br>◆驱动/整合指标<br>◆维护相应的业务控制<br>◆确保遵守法律和政府法规，以及公司有关信息安全方面的规定。 |
| 项目助理 | ◆代表 PDT 经理，协调开发工作，对项目进度与产品包/解决方案业务计划进行跟踪<br>◆让 PDT 经理了解哪些地方偏离了计划<br>◆申请项目计费编码<br>◆与系统管理平台进行协调，设定项目成员的用户密码和权限级别<br>◆增加/修改 PDT 代表的权限级别<br>◆制定资产保护计划并执行该计划 |
| 功能支撑组（财务、开发、技术支援、制造、采购和市场） | ◆对本领域与项目相关的全部活动进行管理<br>◆从本部门其他各领域专家那里获得输入<br>◆制定本领域详细的项目计划<br>◆根据项目计划及产品线的承诺，从本部门获得资源，并进行管理<br>◆针对决策评审点，提出与本领域相关的建议<br>◆与扩展组成员安排周例会，对项目状态进行审视<br>◆牵头解决扩展组成员提出的与本部门相关的问题<br>◆在 PDT 中提出与本领域相关的担心和问题，以得到合理解决<br>◆对扩展组成员的活动进行跟踪，保证及时完成项目计划中的活动 |
| 产品质量保证（PQA） | ◆根据公司或业务领域质量政策，实现产品质量目标<br>◆制定并监控产品质量计划<br>◆引导并审计过程活动<br>◆协调所有领域的质量保证活动及质量问题<br>◆编写产品质量月报，提交给 PDT 经理<br>◆扮演技术评审流程经理的角色，组织技术评审 |
| 研发项目评审会 | ◆各模块资深技术代表参与成立评审会<br>◆负责关键技术与问题的评审结论<br>◆负责复杂技术问题的解决方案研讨<br>◆负责关键技术参数的论证<br>◆负责样品功能性的检测决议 |

### 2. 研发模块绩效管理

研发模块的实体组织与虚拟项目组织都确定后，下面就要通过绩效管理这个要素来实现研发模块业务架构的激励与约束作用了。我们还是通过组织绩效与个人绩效的设定来进行案例分析。

（1）组织绩效考核方案。

首先分析研发模块整体的绩效考核目标要承接哪些指标，从战略分解到业务结构，再到实际问题驱动，结合绩效管理平衡积分卡的工具应用，整体的研发模块绩效考核方案如表 3－46 所示。

**表 3－46 整体的研发模块绩效考核方案**

| 指标类别 | 指标名称 |
| --- | --- |
| 战略层面 | 新品开发计划达成率 |
| 运营层面 | 材料通用率 |
| | 转产问题遗留率 |
| | 研发成本控制达成率 |
| 客户层面 | 客户满意度 |
| 学习与成长 | 知识库、人才培养等 |

整体的绩效考核指标分解到各模块中，分解的组织绩效考核方案如表 3－47 所示。

**表 3－47 分解的组织绩效考核方案**

| 组织模块 | 对应业务架构模块 | 关键指标 |
| --- | --- | --- |
| 研发项目部 | 需求管理 | 研发战略目标达成率<br>研发项目目标达成率<br>转量产问题遗留率<br>产品目标成本达成率 |
| | 项目管理 | |
| | 转量产评审 | |

续表

<table>
<tr><th>组织模块</th><th>对应业务架构模块</th><th>关键指标</th></tr>
<tr><td rowspan="2">研发子模块</td><td>方案开发与评审</td><td rowspan="2">项目任务及时完成率<br>转产问题关闭率</td></tr>
<tr><td>转试产评审</td></tr>
<tr><td rowspan="4">标准管理部</td><td rowspan="4">战略管理承接</td><td>材料通用率</td></tr>
<tr><td>研发知识库管理达成率</td></tr>
<tr><td>研发人才培养计划达成率</td></tr>
<tr><td>专利目标达成率</td></tr>
</table>

以上是研发模块的组织绩效考核方案，项目组织只考核项目目标达成率这一个指标即可。组织绩效关联各模块负责人的绩效，根据组织绩效得分再考核个人绩效得分，根据岗位的不同考核，承接方案也不一样。

（2）个人绩效考核方案。

由于研发模块细分领域岗位众多，就不一一展开介绍了。承接原理是组织绩效考核方案对应岗位职责来承接绩效方案，也同样是 KPI 和关键任务同时考核。我们以项目经理这个岗位的绩效考核方案举例说明，如表 3－48 所示。

**表 3－48　项目经理绩效考核方案**

<table>
<tr><th>考核类别</th><th>考核内容</th><th>权重</th><th>数据来源</th><th>执行考核</th></tr>
<tr><td rowspan="3">KPI</td><td>项目目标达成率</td><td>40%</td><td>销售经理</td><td>绩效管理部</td></tr>
<tr><td>产品目标成本达成率</td><td>30%</td><td>市场管理部</td><td>绩效管理部</td></tr>
<tr><td>项目问题关闭率</td><td>20%</td><td>研发项目部</td><td>绩效管理部</td></tr>
<tr><td>关键任务</td><td>量产遗留问题改善</td><td>10%</td><td>生产技术部</td><td>绩效管理部</td></tr>
</table>

其他岗位也必须结合部门绩效方案、岗位职责、关键改善任务来设计绩效考核方案，考核权重主要看其工作重心放在哪里。

## 小结

以上就是研发模块战略落地执行地图中组织与绩效管理要素的应用实践，提醒各位读者，务必要认真理解战略落地执行地图的逻辑——以战略承接确定业务架构，以业务架构驱动流程变革，以及组织、绩效管理要素的综合应用。把握这个逻辑，就能保证日常管理工作不会偏离公司的战略目标，真正促进公司战略发展。关于战略落地执行地图的理解是本书的灵魂，希望各位读者深入思考如何在自己所在的公司中灵活应用。

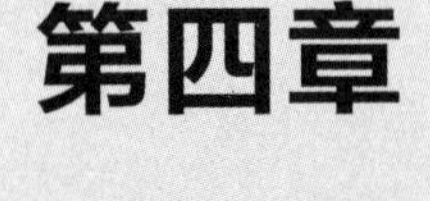

# 第四章

# 供应链模块<br>业务架构与流程管理

## 第一节　供应链模块常见问题分析

一家公司除了营销、研发和职能管理部门外，余下的基本都是供应链的模块。供应链模块是一个公司创造利润的落地环节，我们将供应链分为销售与订单、计划、采购、制造、物流，以及一部分客户服务，下面来逐一分析各模块常见的问题。

### 1. 销售与订单模块问题分析

（1）承诺不能执行。

销售人员在承诺客户的交期时可能会完全以客户的需求来推动供应链交付，也可能会以产品的标准生产周期来同供应链模块进行博弈，这都不是最好的方式，因为最准确的交期是生产实际能完成的交期，这个交期受很多不确定因素影响，从而导致没有按期交货的情况发生。一旦延期交货，销售模块可能就开始投诉供应链模块，然而无济于事，延期还是可能会重复发生。

（2）订单状态不透明。

销售人员无法直接了解订单的执行状态，所以不能提前将延误信息传递给客户，客户最生气的不是延期而是欺骗，而且没有给他们足够的反应时间，客户的采购也会很被动，因此及时了解信息是非常重要的。

（3）订单响应不够及时。

客户经常有临时需求或变更需求，如何快速响应这些客户的需求、给出回复，并快速完成订单配置，真正满足客户的这类需求呢？我想很多公司都是靠高层领导的压力驱动公司满足客户的需求。然而，即便是执行力很强的公司，还是会出现不能满足客户紧急需求的情况。

**2. 计划模块问题分析**

（1）计划不能总控供应链绩效。

计划未能起到供应链核心作用，对非计划模块的掌控不够。

（2）交付计划没有分层管理。

没有明确的三级计划制度，长期计划缺乏依据，短期计划无法锁定。

（3）交付计划与其他计划的集成不够。

交付计划与采购计划、制造计划、物流计划、质量控制计划等不集成。

（4）不能满足需求快速反应的要求。

面对客户需求的变化，要么被动承受，要么不能满足，没有有效的应对策略。

（5）计划对外部资源的掌控度不够。

计划未能有效利用外部资源，约束能力不强。

**3. 采购模块问题分析**

（1）采购组织不合理。

采购组织没有按照“三权（寻找资源、价格审核、订单管理）分立”来设置，专业技术人员很少参与采购活动。

（2）采购流程不完善。

采购流程没有端到端构建，没有提前参与市场预测，没有提前参与研发，没有绩效评估。

（3）采购资源池建设不健全。

供应商分类、分级管理不完善，缺乏战略合作伙伴建设的策略，供应商数量和质量不匹配。

**4. 制造模块问题分析**

（1）计划对制造模块的约束能力不强。

计划本身能力不足，客户的需求又经常变更，造成生产频繁换线，内耗增加。在这样复杂的情况下，计划对生产的约束能力肯定是不足的。

（2）传统制造组织部门墙的问题。

分工序传统制造部门组织影响制造流程端到端的打通。

（3）前端信息传递到制造端的问题。

客诉、客户的需求变更、新工艺等信息传递到制造端不及时、不准确。

**5. 物流模块问题分析**

（1）库存规模不匹配问题。

很多公司对仓库整体没有规划，仓库多大，库存就有多大。实际上，应该根据营业额的规模、周转率的目标来确定库存容量的大小，且库存容量应该是弹性的、动态的。

（2）没有分类库存周转与收发货的绩效考核。

没有对成品、半成品、原材料分别进行库存周转考核，没有对收发货是否及时与服务满意度进行绩效考评。

**6. 客户服务模块问题分析**

（1）客户的需求响应与处理时效不能让客户满意。

订单处理需求、ECN 变更需求、紧急出货需求、降成本需求、品质保障需求等不能及时满足客户要求的时效。

（2）客户的需求反馈未贯穿整条供应链。

客户和供应商不能分享供应链相关的资源和信息，无法主动与供应商和客户建立基于供应链的合作伙伴关系。

（3）客诉处理与退货流程不够完善。

很少发起对供应链的问责，投诉问题的长期对策没有跟踪落实，退货损失压力部分未传递到供应商。

**小结**

本节没有通过案例来引出问题，而是直接分模块介绍问题，主要是因为供应链的模块种类较多，问题分布较广，而且很多案例是在不同模块中同时存在的。供应链的问题不是某一个模块的问题，而是一个整体的问题，只靠一个模块的改善不能从根本上解决供应链模块的问题。而且供应链的组织比较分散，通常供应链模块也是细分部门最多的模块，这也导致本应该整体协同作战的供应链变成各自为战，问题频繁发生。

## 第二节 供应链模块战略地图到 ISC 流程架构

供应链模块要承接公司战略，首先要明确供应链的定位是什么。供应链的定位是在一个企业中要解决交付、成本、质量的问题，虽然这些问题不一定是供应链引起的，但是都会在供应链中体现。因此，衡量供应链的绩效通常的要求是，低成本、高质量、快速响应的柔性供应链。这样的要求无疑是很高的，要找准供应链这个战略需求，我们需要对供应链模块业务架构分解。

另外，还要结合供应链本身的业务形态，比如制造、物流等，这是供应链的基本属性，也应该体现在供应链的业务架构中。

我们先来分解供应链的业务模型，如图 4－1 所示。

通过对业务模型的分析，供应链的业务模块由六大部分组成，分别是客户的销售需求、内部的计划、采购、制造、物流及一部分的客户服

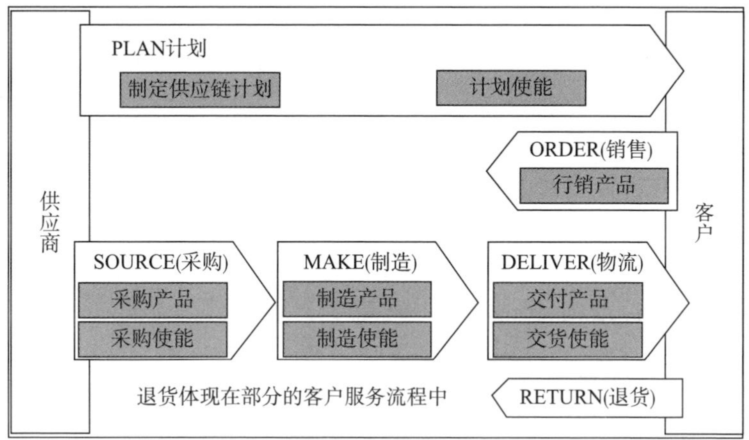


**图 4－1　供应链业务模型**

务（退货）。这些业务组成了供应链模块的日常业务，要对这些业务进行分析、总结、提炼，才能整理成合适的业务架构。

经过整理分析后，得出的供应链模块业务架构如图 4－2 所示。

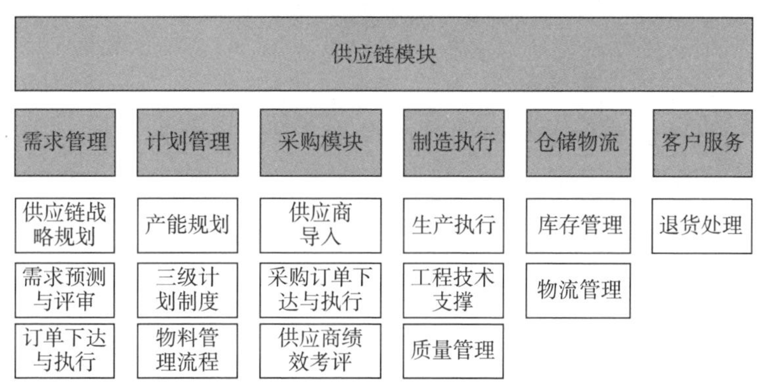


**图 4－2　供应链模块业务架构**

结合上一节对供应链模块的问题分析，针对这些模块的规范业务设计有以下要点：

### 1. 规范需求

我走访过很多公司，跟单的同事都会前来投诉，需求没有什么规范的说法，客户说什么就是什么，又不能改变客户的需求。这就是我们对需求的错误理解，客户的需求可以是不规范的，但是作为跟单的同事却不能不规范，否则销售部跟单员就成了一个传声筒，失去了存在的意义。我们对需求的规范要求如下：

（1）市场/需求计划。

很多企业的需求计划主要依据客户的 FCST（需求预测），没有对历史需求的大数据进行分析。实际上，我们需要结合客户及客户面对所在市场消费者的需求情况，通过历史数据分析，给出可以决策的预测数据。在面对客户不规范的需求时，我们可以在尽量减少风险的前提下加强内部决策管理，即使是冒着呆滞风险也要规范需求。

（2）客户关注改善。

要对响应客户需求的时间做出限制，要根据客户的需求“量身定做”。

### 2. 计划管理

（1）订单管理。

目前很多企业的问题是订单配置期太长，甚至占总订单周期的 60% 以上，也就是说 10 天的交期真正留给制造的时间只有 4 天。因此，我们要通过流程规范、系统工具导入来缩短非制造时间的订单周期。

（2）计划规范。

承诺的交期应该以计划排的交期为准，如果计划排的交期无法满足交付，这时候应该找资源来满足，而不是不顾实际生产状况一味地强调客户的需求及标准生产周期，而计划应该做到承诺交付的就要保证按时交付，不能按时交付的不要胡乱承诺。

（3）物料控制。

很多公司的物料需求是根据以往经验判断的，这不是科学的做法，存在一定的风险。因为市场需求变化太快，非常规通用性的物料不能仅靠历史经验判断，需要跟市场的潜在需求结合起来。为了规范需求，长期的物料需求一定要同市场预测相结合，短期需求要同 PO 订单相结合，来料计划应该根据实际计划安排来执行，长期需求要结合客户的需求预测，做好产能匹配，尽可能做到产销协同。

**3. 采购管理**

（1）供应商管理问题。

研发早期，组织没有介入对物料供应商的选择，由于器件的供应数量不一，有些器件的供应商太多，而另一些器件的供应商又太少，造成器件的供应没有保障，或者器件的质量参差不齐；组织难以对供应商进行有效的管理，仅和极少数供应商签订了正式协议，且现有的采购方法处理步骤过多、采购成本高。

（2）改进方向。

从战略高度与关键供应商建立长期战略合作关系，确保稳定供应。在早期设计阶段就让供应商参与研发，提高物料的可获得性。将物料的预测数据与供应商共享，让供应商及时了解需求的变化情况，及时响应，提高物料的齐全性。优化现有的采购方法，减少纸面工作，使采购员有更多的精力投入到建立良好的供应商关系上。

#### 4. 制造执行

（1）缺料改进。

由于部件的缺失，订单经常只能组装部分部件，导致产品出现不齐套发货或延期发货的情况，各库存之间的可视性差，手工转库较为频繁。由于优先级、资源和计划的问题，半成品很难满足每条产品线的需求。对半成品项目试行 MTS（Make to stock，面向库存生产）的策略，目的是缩短总体的订单履行周期，减少半成品积压。

改进方向：改进物料供应的各个环节，保证生产过程中物料的可获得性。对有限的资源进行整合，改进组织间的关系，提高计划执行的质量，对不同产品选择不同的制造模式，充分利用资源。长期目标是按订单制造的模式来提供柔性供应能力。

（2）制程异常。

主要体现在：同一问题重复发生，扯皮、推诿现象严重，找不到真正的责任人。

改进方向：规范操作，建立异常处理与责任追溯机制，重复发生的问题一定要问责，找到问题的根源并给出长期对策，对策跟踪落实到产生实际效果为止。

#### 5. 仓储物流

（1）问题。

从仓库接收物料到发料的周期长、效率低下，影响了生产环节，大量的呆滞库存影响了库房收发料的效率，并造成成本损失。

（2）改进方向。

通过条形码、标签打印等技术，减少手工键盘输入，缩短从物料接收到分发的整体周期，建立相关规章制度和程序改善对库存的控制，通过对库位的管理，提高库房的吞吐量，提高收发货效率，实现物流管理的协调、同步和自动化。

## 小结

本节按照第一章介绍的战略落地执行地图，介绍的是从战略到业务架构的环节。我们通过战略上对供应链的要求，以及供应链的实际现状，梳理出六大子模块的供应链架构。这六大子模块具有通用性，基本上各类公司都可以通用，但是在这六大子模块之下的详细流程设计就要结合实际的业务场景来制定了。

## 第三节 ISC 流程设计

我们明确了供应链模块的业务架构后，就要进行详细的流程方案设计了，下面还是根据供应链模块的业务架构进行展示。

### 1. 需求管理流程设计

经过对业务诊断分析，需求管理模块流程规划清单如表 4－1 所示。

**表 4－1 需求管理模块流程规划清单**

| 业务模块 | 一级流程 | 子流程 |
| --- | --- | --- |
| 需求管理 | 供应链战略规划流程 | 供应链预算、组织规划 |
| | 需求预测与评审 | |
| | 客户订单下达与执行 | 分类客户订单执行 |

这里要说明一下客户订单下达与执行流程，由于营销模块也规范了

这个流程，这里就不重复解释了，按照同一个流程执行即可。下面对另外两个流程进行案例分析。

(1) 供应链战略规划流程。

供应链战略规划流程同前面的研发、营销流程的基本逻辑是一致的，不过由于供应链没有设供应链管理委员会这样的机构，所以流程略有不同。

①流程架构卡，如表 4-2 所示。

**表 4-2　供应链策略制定与实施流程架构卡**

| 流程名称 | 供应链策略制定与实施流程 | 流程层级 | L2 | 流程编码 | |
|---|---|---|---|---|---|
| 流程目的 | 承接公司整体经营战略，制定供应链模块战略 | | | | |
| 流程责任人 | 供应链副总裁 | 上一层架构 | 需求管理 | | |
| 下一层流程 | 供应链预算、组织规划流程 | | | | |
| 流程输入 | 战略与经营检讨 | | | | |
| 流程输出 | 供应链模块营销战略 | | | | |
| 流程起点 | 经营战略发布 | | | | |
| 流程终点 | 供应链模块战略达成检讨 | | | | |
| 流程度量指标 | 供应链战略目标达成率 | | | | |

②流程示意图，如图 4-3 所示。

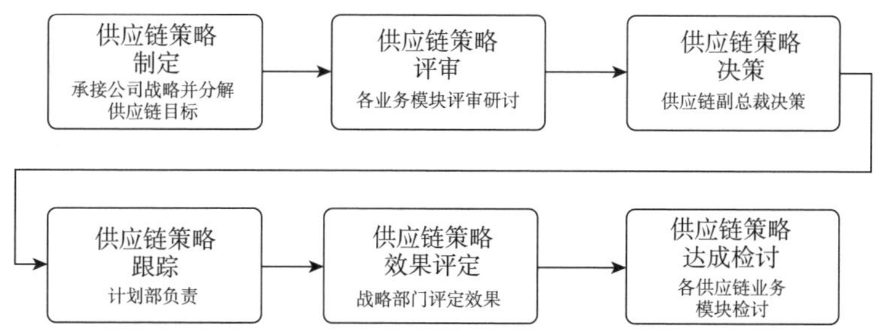


**图 4-3　供应链战略规划流程示意图**

③流程活动节点说明。

由于供应链没有专门的策略管理部门，就由授权计划部来承接这项职能，因为计划部一般是供应链的指挥部门，关系到整个供应链运作的效果。具体流程操作细节如表4－3所示。

**表4－3　供应链战略规划流程活动节点说明**

| 序号 | 活动角色 | 活动描述 | 时效 | 输入输出 |
|---|---|---|---|---|
| 01 | 计划部总监 | 每年固定时间组织团队同战略部门对接，制定出符合公司战略要求的供应链模块经营战略 | 一周 | 输入：公司整体经营战略<br>输出：供应链模块战略初稿 |
| 02 | 供应链副总裁 | 主导供应链模块各部门参与对供应链战略初稿进行研讨评审，给出修订方案 | 一周 | 输入：供应链模块战略初稿<br>输出：供应链模块战略方案修订版 |
| 03 | 供应链副总裁 | 对供应链模块战略方案进行决策评审 | 8H | 输入：供应链模块战略方案修订版<br>输出：供应链模块战略方案决策版 |
| 04 | 计划部总监 | 对供应链内部发布研发战略方案，并安排团队跟踪战略落地过程与实际达成效果 | －－ | 输入：供应链模块战略方案决策<br>输出：供应链战略发布与跟踪达成效果 |
| 05 | 战略总监 | 组织团队对供应链战略落地效果进行评定 | －－ | 输入：供应链战略实施<br>输出：供应链战略达成效果评定 |
| 06 | 计划部总监 | 对供应链战略达成效果进行考核激励，对未达成的组织各模块进行研讨并输出改善方案 | 一周 | 输入：供应链战略达成效果评定<br>输出：供应链战略达成激励与检讨改善方案 |

④流程相关表格，如表 4－4 所示。

**表 4－4　供应链策略制定与实施跟踪表**

| 策略模块 | 细分领域 | 量化目标 | 其他目标 | 关键责任人 | 实际达成 | 考评人 |
|---|---|---|---|---|---|---|
| 交付 | 电子 | | | | | |
| | 消费品 | | | | | |
| | …… | | | | | |
| 质量 | 产品 1 | | | | | |
| | 产品 2 | | | | | |
| | …… | | | | | |
| 成本 | 材料成本 | | | | | |
| | 人工成本 | | | | | |
| | …… | | | | | |

（2）供应链需求预测与评审流程。

在营销模块，我们介绍了销售计划维护流程，这个流程是营销模块内部对销售预测的汇总，到供应链模块还需要对预测进行评审，经过评审后的需求将会指导供应链的各项工作规划，这个流程也是很重要的。

①流程架构卡，如表 4－5 所示。

**表 4－5　供应链需求预测与评审流程架构卡**

| 流程名称 | 供应链需求预测与评审流程 | 流程层级 | L2 | 流程编码 | |
|---|---|---|---|---|---|
| 流程目的 | 对供应链的需求进行预测评审，规范需求管理 | | | | |
| 流程责任人 | 计划部总监 | 上一层架构 | 市场管理 | | |
| 下一层流程 | 无 | | | | |
| 流程输入 | 销售计划维护 | | | | |
| 流程输出 | 供应链需求录入 | | | | |
| 流程起点 | 销售计划发布 | | | | |

续表

| 流程终点 | 供应链需求发布 |
| --- | --- |
| 流程度量指标 | 供应链需求预测准确率 |

②流程示意图，如图 4－4 所示。

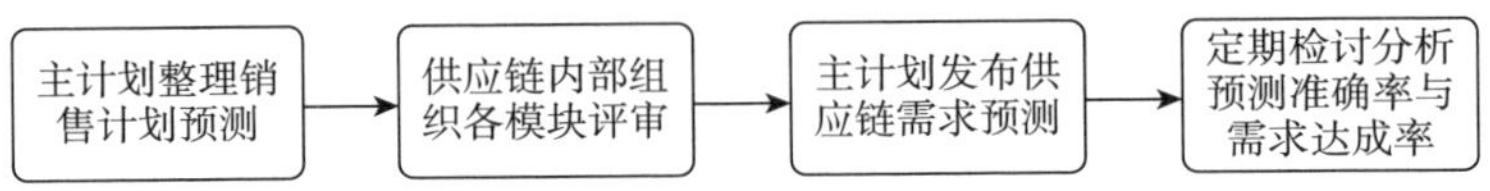


**图 4－4　供应链需求预测与评审流程示意图**

③流程活动节点说明，如表 4－6 所示。

**表 4－6　供应链需求预测与评审流程活动节点说明**

| 序号 | 活动角色 | 活动描述 | 时效 | 输入输出 |
| --- | --- | --- | --- | --- |
| 01 | 主计划 | 接收销售部提供的汇总销售计划预测，并匹配产能给出初步回复 | 8H | 输入：销售计划预测<br>输出：供应链需求预测初版 |
| 02 | 计划经理 | 组织供应链各模块相关人员参与对整理后的预测进行评审 | 8H | 输入：供应链需求预测评审<br>输出：评审供应链需求预测 |
| 03 | 主计划 | 发布评审后的需求预测，并分配完成预测的各模块任务 | 8H | 输入：评审供应链需求预测<br>输出：供应链需求预测完成任务分配 |
| 04 | 计划经理 | 定期检讨分析供应链预测准确率与需求达成率 | 定期 | 输入：供应链需求预测达成数据<br>输出：检讨准确率与需求达成率 |

④流程相关表格，如表 4 –7 所示。

**表 4 –7　销售需求汇总表**

| 客户代码 | 客户名称 | 订单编号/FCST 预测 | 产品型号 | 产品编码 | 需求数量 | 交付时间 | 送货地址 | 备注 |
|---|---|---|---|---|---|---|---|---|
| | | | | | | | | |
| | | | | | | | | |
| | | | | | | | | |

此表在营销 LTC 流程中管理交付中已经介绍过了，LTC 流程中的管理交付模块很多流程与表格同供应链流程中是串接通用的，但是也有不同点，营销 LTC 流程中侧重于同客户的对接，供应链流程中主要是同供应链内部对接。

## 2. 计划管理流程设计

计划管理是供应链的指挥模块，对供应链的达成起着核心指导作用。流程规划清单，如表 4 –8 所示。

**表 4 –8　计划管理流程规划清单**

| 业务模块 | 一级流程 | 子流程 |
|---|---|---|
| 计划管理 | 产能规划流程 | |
| | 三级计划制定与实施流程 | 月、周、日计划处理流程 |
| | 物料管理流程 | 分类物料管理规范 |

（1）产能规划流程。

①流程架构卡，如表 4－9 所示。

**表 4－9　产能规划流程架构卡**

| 流程名称 | 产能规划流程 | 流程层级 | L2 | 流程编码 | |
|---|---|---|---|---|---|
| 流程目的 | 规范供应链产能管理，满足需求的同时节约成本 | | | | |
| 流程责任人 | 计划部总监 | 上一层架构 | 计划管理 | | |
| 下一层流程 | 无 | | | | |
| 流程输入 | 供应链需求预测 | | | | |
| 流程输出 | 产能规划方案 | | | | |
| 流程起点 | 供应链需求预测发布 | | | | |
| 流程终点 | 供应链产能达成检讨 | | | | |
| 流程度量指标 | 供应链产能达成率 | | | | |

②流程示意图，如图 4－5 所示。

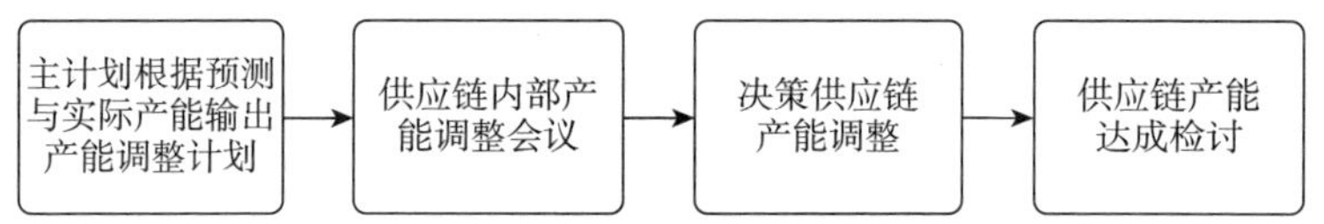


**图 4－5　供应链产能规划流程示意图**

③流程活动节点说明，如表 4－10 所示。

**表 4－10　供应链产能规划流程活动节点说明**

| 序号 | 活动角色 | 活动描述 | 时效 | 输入输出 |
|---|---|---|---|---|
| 01 | 主计划 | 根据销售预测与实际产能输出产能调整计划 | 8H | 输入：供应链需求预测与实际产能状况<br>输出：供应链产能调整计划 |

续表

| 序号 | 活动角色 | 活动描述 | 时效 | 输入输出 |
|---|---|---|---|---|
| 02 | 计划经理 | 组织供应链各模块相关人员参与对整理后的供应链产能调整计划进行评审 | 8H | 输入：供应链产能调整计划<br>输出：评审供应链产能调整计划 |
| 03 | 供应链副总裁 | 审批供应链产能调整计划 | 8H | 输入：评审供应链产能调整计划<br>输出：审批供应链产能调整计划 |
| 04 | 计划经理 | 定期检讨分析供应链产能达成情况 | 定期 | 输入：供应链产能达成数据<br>输出：检讨供应链产能达成计划 |

④流程相关表格，如表 4－11 所示。

**表 4－11 供应链产能规划表**

| 机台/线体 | 月标准 | 总需求 | 差异 | 改善对策 | 责任人 | 备注 |
|---|---|---|---|---|---|---|
| | | | | | | |
| | | | | | | |
| | | | | | | |

（2）三级计划制定与实施流程。

①流程架构卡，如表 4－12 所示。

**表 4－12 三级计划制定与实施流程架构卡**

| 流程名称 | 三级计划制定与实施流程 | 流程层级 | L2 | 流程编码 | |
|---|---|---|---|---|---|
| 流程目的 | 规范供应链产能管理，满足需求的同时节约成本 | | | | |
| 流程责任人 | 计划部总监 | 上一层架构 | 计划管理 | | |

续表

| 下一层流程 | 月、周、日计划制定与实施流程 |
|---|---|
| 流程输入 | 供应链需求、订单、产能状况 |
| 流程输出 | 滚动更新的长期与短期计划管控流程 |
| 流程起点 | 供应链订单汇总下达 |
| 流程终点 | 计划达成检讨 |
| 流程度量指标 | 供应链计划达成率 |

②流程示意图，如图 4－6 所示。

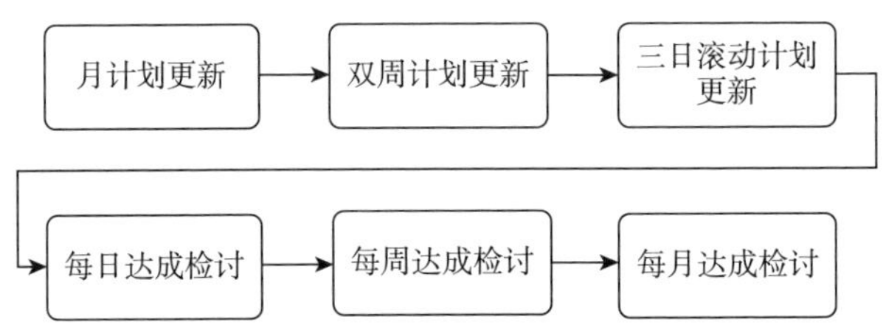


**图 4－6　三级计划制定与实施流程示意图**

③流程活动节点说明。

以上流程示意图很简单，但是实际操作比较复杂，流程跨度也很长，见表 4－13 的流程操作细节。

**表 4－13　三级计划制定与实施流程活动节点说明**

| 序号 | 活动角色 | 活动描述 | 时效 | 输入输出 |
|---|---|---|---|---|
| 01 | 主计划 | 根据供应链需求与实际产能匹配给出月度订单交付计划 | 8H | 输入：供应链需求预测与实际产能状况<br>输出：月订单交付计划 |
| 02 | 计划总监 | 审核月订单交付计划 | 4H | 输入：月订单交付计划<br>输出：审核月订单交付计划 |

续表

| 序号 | 活动角色 | 活动描述 | 时效 | 输入输出 |
|---|---|---|---|---|
| 03 | 主计划 | 根据月计划安排与实际达成情况，每周固定更新双周订单交付计划 | 每周 | 输入：月订单交付计划<br>输出：双周更新月订单交付计划 |
| 04 | 各工序计划 | 根据周计划每周更新三日滚动的日生产计划 | 每日 | 输入：周订单计划<br>输出：滚动三日生产计划 |
| 05 | 主计划 | 每日整理未达成计划的订单，发起检讨问责 | 每日 | 输入：日达成情况<br>输出：每日计划达成检讨与问责 |
| 06 | 责任人 | 回复原因与改善对策 | 8H | 输入：每日检讨问责<br>输出：未达成原因与改善对策 |
| 07 | 主计划 | 每周统计达成并对未达成订单同销售部沟通，制定新的周计划排期 | 每周 | 输入：周计划达成检讨<br>输出：周计划调整 |
| 08 | 计划经理 | 每月组织月计划达成检讨，并调整修订月计划 | 每月 | 输入：月计划达成检讨<br>输出：月计划调整 |

④流程相关表格，如表 4－14 所示。

**表 4－14　供应链计划制定与实施跟踪表**

| 客户名称 | 订单编号 | 月需求 | 计划/达成 | 01 周 | 02 周 | 03 周 | 04 周 | 主计划 |
|---|---|---|---|---|---|---|---|---|
| | | | 计划 | | | | | |
| | | | 达成 | | | | | |
| | | | 达成率 | | | | | |

（3）物料管理流程。

与计划流程相匹配的是物料管理流程，物料控制得好，才能既不断料又不增加供应链成本，因此这个流程也是非常重要的。

①流程架构卡，如表 4－15 所示。

表 4－15 物料管理流程架构卡

| 流程名称 | 物料管理流程 | 流程层级 | L2 | 流程编码 | |
|---|---|---|---|---|---|
| 流程目的 | 规范供应链物料控制，满足交付且节约成本 | | | | |
| 流程责任人 | 计划部总监 | 上一层架构 | 计划管理 | | |
| 下一层流程 | 分类物料管理规范 | | | | |
| 流程输入 | 物料需求 | | | | |
| 流程输出 | 物料到料计划 | | | | |
| 流程起点 | 物料需求计划 | | | | |
| 流程终点 | 物料计划达成检讨 | | | | |
| 流程度量指标 | 交付达成率、物料呆滞率 | | | | |

②流程示意图，如图 4－7 所示。

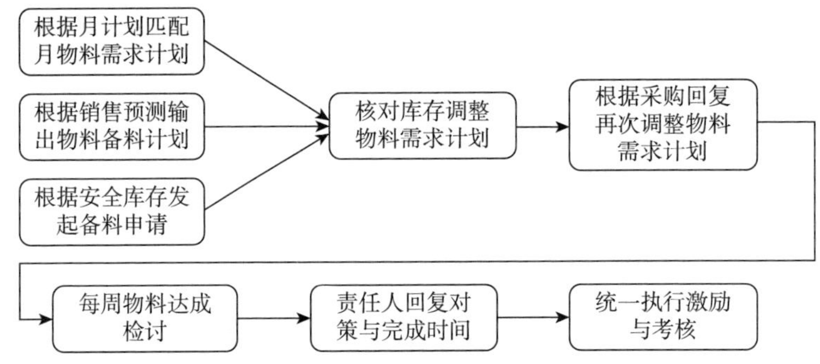


图 4－7 物料管理流程示意图

③流程操作细节，如表 4－16 所示。

表 4－16 物料管理流程操作细节

| 序号 | 活动角色 | 活动描述 | 时效 | 输入输出 |
|---|---|---|---|---|
| 01A | 物控员 | 根据订单月计划匹配 BOM 展开物料需求计划 | 每月 | 输入：月订单计划<br>输出：月物料需求计划 |

续表

| 序号 | 活动角色 | 活动描述 | 时效 | 输入输出 |
|---|---|---|---|---|
| 01B | 销售跟单经理 | 根据销售预测给出长周期、大金额的物料备料需求 | 每月 | 输入：销售预测<br>输出：关键物料备料计划 |
| 01C | 仓库主管 | 根据安全备料的物料，对缺料的部分发起物料需求 | 不定时 | 输入：安全库存核对<br>输出：安全库存物料缺料需求 |
| 02 | 物控经理 | 汇总物料需求并匹配库存，输出计划月、周物料需求计划 | 每月<br>每周 | 输入：物料需求汇总<br>输出：月、周更新物料需求计划 |
| 03 | 采购经理 | 回复物料需求计划达成预测 | 每周 | 输入：月、周更新物料需求计划<br>输出：物料需求计划达成预测 |
| 04 | 物控经理 | 每周对物料需求计划达成情况进行检讨 | 每周 | 输入：物料需求计划达成情况<br>输出：物料需求计划达成情况检讨 |
| 05 | 责任人 | 对未达成的物料需求进行检讨，找出原因与改善对策 | 每日 | 输入：物料需求达成检讨<br>输出：未达成原因与对策 |
| 06 | 物控员 | 每月固定输出物料需求达成激励与考核方案 | 8H | 输入：未达成原因与对策<br>输出：物料需求达成激励方案 |

④流程相关表单，如表 4－17 所示。

**表 4－17　物料需求计划汇总表**

| 物料名称 | 物料编码 | 需求数量 | 对应订单 | 库存 | 采购在途 | 余料进度规划 | 备注 |
|---|---|---|---|---|---|---|---|
| | | | | | | | |
| | | | | | | | |
| | | | | | | | |
| | | | | | | | |

### 3. 采购管理流程设计

说到采购管理，务必介绍一下采购“三权分立”的问题。传统的采购组织里一个采购员承担了寻找资源、价格审核、订单分配、付款申请等采购全流程管理，所以我们经常抱怨资源不够，订单回不来，采购能力不行。其实，这不是采购员的能力问题，而是采购员的精力太分散，无暇应付，所以推行“三权分立”的流程与组织是非常有必要的，见图4－8的采购流程与业务架构示意图。

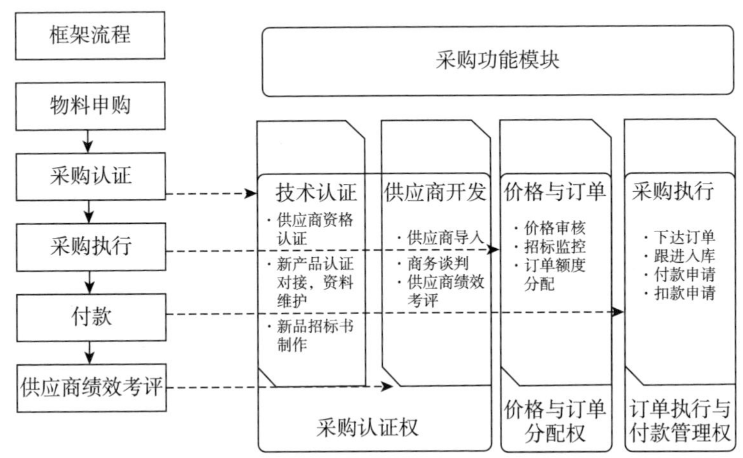


**图4－8 采购管理流程与业务架构示意图**

采购认证：负责搜寻供应商资源、供应商资格审查、供应商产品技术认证等功能，便于让这一模块的负责人集中精力做好一件事，找到合适的供应商。合适的定义是指交期、品质、技术都能满足才算是合适的供应商，而不是被迫接受或让步的供应商进入采购体系。

价格与订单分配：为了降低采购成本，务必让对接招标与价格审核的部门承担相应的考核指标，按照权责对等的概念，承担这个责任的部门必须有决定权，并采取多种方法降低采购价格，如招标、返利等，为公司节约采购成本。由于价格与订单数量有关，所以某产品的招标采用价格与订单额度相符，也就是采用阶梯价格的采购管理。由于价格与订单分配是采购核心权力，所以务必对此流程节点设定流程 KCP（关键控制点），并列入定期流程审计环节，保证流程在风险可控的前提下顺利运转。

订单下达与付款申请：这属于采购后端的操作，根据物控需求与来料时间，下达订单并跟进物料入库为止。为了让负责这一模块的同事有调动供应商资源的权力，就必须把付款与扣款申请的权限下放至此模块。如果供应商不能有效配合，可以通过冻结货款或按照交付规则扣除货款，迫使供应商满足交付需求。

下面逐一介绍采购核心流程案例，先来看看表 4－18 的流程规划清单。

**表 4－18　采购管理流程规划清单**

| 业务模块 | 一级流程 | 子流程 |
|---|---|---|
| 采购管理 | 供应商导入 | 招投标、价格管控 |
| | 采购订单执行流程 | 采购付款流程 |
| | 供应商绩效考评流程 | |

（1）供应商导入流程。

①流程架构卡，如表 4－19 所示。

**表 4－19　供应商导入流程架构卡**

| 流程名称 | 供应商导入流程 | 流程层级 | L2 | 流程编码 | |
|---|---|---|---|---|---|
| 流程目的 | 规范供应商导入 | | | | |
| 流程责任人 | 采购总监 | 上一层架构 | 采购模块 | | |

续表

| 下一层流程 | 招投标与价格管控流程 |
|---|---|
| 流程输入 | 供应商导入申请 |
| 流程输出 | 供应商导入成功或失败 |
| 流程起点 | 发起供应商导入申请 |
| 流程终点 | 下达订单给供应商 |
| 流程度量指标 | 供应商培养计划达成率 |

②流程示意图，如图 4－9 所示。

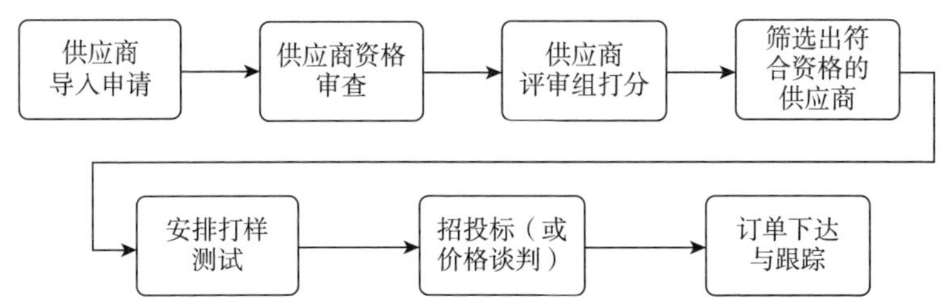


**图 4－9　供应商导入流程示意图**

③流程活动节点说明，如表 4－20 所示。

**表 4－20　供应商导入流程活动节点说明**

| 序号 | 活动角色 | 活动描述 | 时效 | 输入输出 |
|---|---|---|---|---|
| 01 | 采购专员 | 发起供应商导入申请 | 不定时 | 输入：供应商导入需求<br>输出：供应商导入申请 |
| 02 | 采购经理 | 供应商基本资料审查 | 4H | 输入：供应商导入申请<br>输出：供应商基本资料审查 |
| 03 | 供应商评审小组 | 对供应商的资格进行评分 | 任务时效 | 输入：供应商基本资料审查<br>输出：供应商综合得分 |

续表

| 序号 | 活动角色 | 活动描述 | 时效 | 输入输出 |
| --- | --- | --- | --- | --- |
| 04 | 采购经理 | 根据评分筛选出备选供应商 | 任务时效 | 输入：供应商综合得分<br>输出：筛选出备选供应商 |
| 05 | 采购专员 | 给备选供应商安排打样任务 | 每日 | 输入：备选供应商<br>输出：打样测试 |
| 06 | 商务谈判专员 | 启动招投标或商务谈判 | 任务时效 | 输入：打样结论<br>输出：商务谈判或招投标 |
| 07 | 采购专员 | 根据招投标或商务谈判结果下达订单 | 每周 | 输入：商务谈判或招投标结果<br>输出：采购订单下达 |

备注：任务时效是指该节点的活动完成的要求时效，一般由该岗位或流程团队商议后决策完成该任务的时间要求。此类时效一般没有具体的标准，根据实际情况确定。

以上是一个完整的供应商导入流程，如果是特殊情况，需要紧急导入供应商的，则需要走特批流程。特批流程至少要供应链模块的副总裁审批才可导入，特批流程就不在此展示了。

④流程相关表格，如表 4－21 所示。

**表 4－21　供应商导入申请表**

| 供应商名称 | 营业执照 | 注册资金 | 供应产品 | 样品检测 | 是否招标 | 交付能力 | 价格优势 | 质量评分 | 综合评分 |
| --- | --- | --- | --- | --- | --- | --- | --- | --- | --- |
|  |  |  |  |  |  |  |  |  |  |
|  |  |  |  |  |  |  |  |  |  |
|  |  |  |  |  |  |  |  |  |  |

申请人：　　　　审核：　　　　会签：　　　　批准：

（2）采购订单执行流程。

①流程架构卡，如表 4－22 所示。

**表 4－22 采购订单执行流程架构卡**

| 流程名称 | 采购订单执行流程 | 流程层级 | L2 | 流程编码 | |
|---|---|---|---|---|---|
| 流程目的 | 规范采购订单下达与执行 | | | | |
| 流程责任人 | 采购总监 | 上一层架构 | 合同管理 | | |
| 下一层流程 | 采购付款流程 | | | | |
| 流程输入 | 物料需求 | | | | |
| 流程输出 | 采购订单履行 | | | | |
| 流程起点 | 采购订单下达 | | | | |
| 流程终点 | 采购应付款立账 | | | | |
| 流程度量指标 | 采购订单履约率 | | | | |

②流程示意图，如图 4－10 所示。

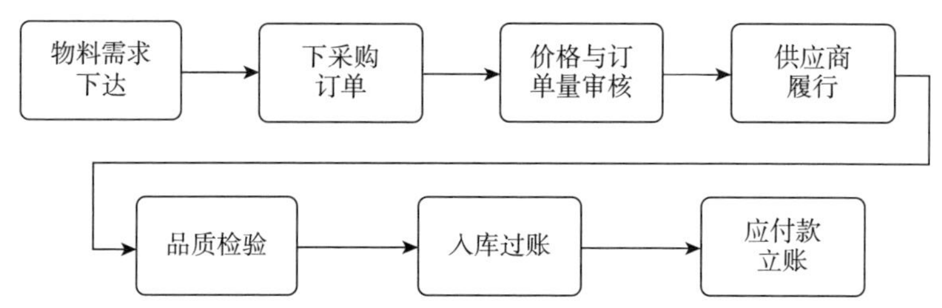


**图 4－10 采购订单下达与执行流程示意图**

③流程活动节点说明，如表 4－23 所示。

**表 4－23 采购订单下达与执行流程活动节点说明**

| 序号 | 活动角色 | 活动描述 | 时效 | 输入输出 |
|---|---|---|---|---|
| 01 | 物控员 | 下达物料需求 | 不定时 | 输入：物料需求评审<br>输出：物料需求下达 |

续表

| 序号 | 活动角色 | 活动描述 | 时效 | 输入输出 |
|---|---|---|---|---|
| 02 | 采购员 | 下达采购订单 | 4H | 输入：物料需求下达<br>输出：采购订单下达 |
| 03 | 商务专员 | 审核订单价格与额度 | 4H | 输入：采购订单下达<br>输出：采购订单审查 |
| 04 | 采购员 | 跟踪供应商履行订单 | 任务时效 | 输入：采购订单审查<br>输出：供应商订单履行 |
| 05 | 质检员 | 检验供应商交付成品 | 4H | 输入：供应商成品交付<br>输出：供应商成品检验 |
| 06 | 仓管员 | 供应商订单交付成品入库过账 | 4H | 输入：供应商交付成品检讨<br>输出：供应商交付成品入库过账 |
| 07 | 采购员 | 收集供应商票据资料，发起应付款立账 | 任务时效 | 输入：供应商成品过账、票据、对账单等<br>输出：采购应付款立账 |

④流程相关表格，如表 4－24、表 4－25 所示。

**表 4－24　物料需求计划汇总表**

| 物料名称 | 物料编码 | 需求数量 | 对应订单 | 库存 | 采购在途 | 余料进度规划 | 备注 |
|---|---|---|---|---|---|---|---|
| | | | | | | | |
| | | | | | | | |
| | | | | | | | |

**表 4－25 采购订单跟踪表**

| 订单编号 | 供应商 | 订单数量 | 交付日期 | 当前状态 | 采购员 | 备注 |
|---|---|---|---|---|---|---|
| | | | | | | |
| | | | | | | |
| | | | | | | |

（3）供应商绩效考评流程。

①流程架构卡，如表 4－26 所示。

**表 4－26 供应商绩效考评流程架构卡**

<table>
<tr><td>流程名称</td><td>供应商绩效考评流程</td><td>流程层级</td><td>L2</td><td>流程编码</td><td></td></tr>
<tr><td>流程目的</td><td colspan="5">规范样品制作</td></tr>
<tr><td>流程责任人</td><td>采购总监</td><td>上一层架构</td><td colspan="3">采购模块</td></tr>
<tr><td>下一层流程</td><td colspan="5">无</td></tr>
<tr><td>流程输入</td><td colspan="5">供应商交付达成数据</td></tr>
<tr><td>流程输出</td><td colspan="5">供应商绩效改善效果</td></tr>
<tr><td>流程起点</td><td colspan="5">供应商交付达成数据发布</td></tr>
<tr><td>流程终点</td><td colspan="5">供应商绩效改善效果检验</td></tr>
<tr><td>流程度量指标</td><td colspan="5">供应商交付达成率</td></tr>
</table>

②流程示意图，如图 4－11 所示。

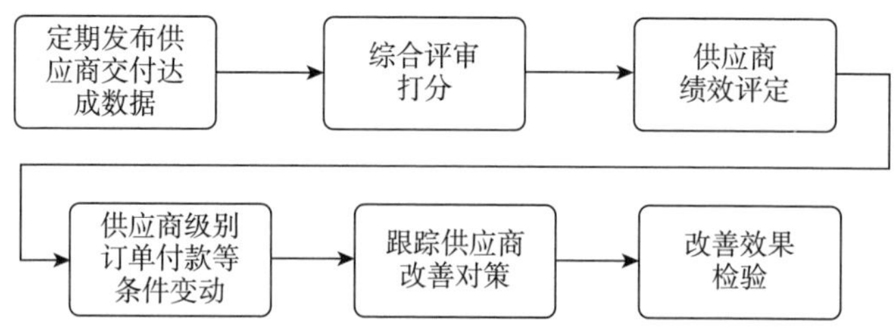


**图 4－11 供应商绩效考评流程示意图**

③流程活动节点说明，如表 4－27 所示。

**表 4－27　供应商绩效考评流程活动节点说明**

| 序号 | 活动角色 | 活动描述 | 时效 | 输入输出 |
|---|---|---|---|---|
| 01 | 采购员 | 定期发布供应商交付与质量达成数据 | 不定时 | 输入：供应商交付达成数据收集<br>输出：供应商达成数据发布 |
| 02 | 综合评审组 | 针对供应商的表现对所属模块的情况进行打分 | 4H | 输入：供应商达成数据发布<br>输出：供应商交付达成得分 |
| 03 | 采购总监 | 审批供应商绩效得分 | 4H | 输入：供应商绩效得分<br>输出：审批供应商绩效得分 |
| 04 | 商务专员 | 调整供应商级别与订单分配情况，并请供应商整改 | 4H | 输入：供应商绩效得分<br>输出：调整供应商级别及各项对应条件 |
| 05 | 采购员 | 跟踪供应商改善效果 | 任务时效 | 输入：供应商改善对策<br>输出：供应商改善对策跟踪 |
| 06 | 综合评审组 | 供应商改善效果评定 | 任务时效 | 输入：供应商改善对策跟踪<br>输出：供应商改善效果评价 |

④流程相关表格，如表 4－28 所示。

**表 4－28　供应商绩效考评表**

| 供应商名称 | 供应商代码 | 供应商等级 | 交付得分 | 质量得分 | 服务得分 | 综合得分 | 关键问题 | 改善跟踪人 |
|---|---|---|---|---|---|---|---|---|
| | | | | | | | | |
| | | | | | | | | |
| | | | | | | | | |

### 4. 制造执行流程设计

制造执行模块流程规划清单，如表 4－29 所示。

**表 4－29　制造执行模块流程规划清单**

| 业务模块 | 一级流程 | 子流程 |
|---|---|---|
| 制造执行 | 生产执行流程 | 各工序生产执行流程 |
| | 工程技术支撑流程 | |
| | 质量管理流程 | 来料、过程、售后质量管理 |

（1）生产执行流程。

①流程架构卡，如表 4－30 所示。

**表 4－30　生产执行流程架构卡**

| 流程名称 | 生产执行流程 | 流程层级 | L2 | 流程编码 | |
|---|---|---|---|---|---|
| 流程目的 | 规范生产执行过程 | | | | |
| 流程责任人 | 制造部总监 | 上一层架构 | 制造执行 | | |
| 下一层流程 | 各工序生产执行流程 | | | | |
| 流程输入 | 计划指令 | | | | |
| 流程输出 | 制造成品入库 | | | | |

续表

| 流程起点 | 工序计划下达 |
|---|---|
| 流程终点 | 制造执行达成检讨 |
| 流程度量指标 | 制造执行计划达成率 |

②流程示意图，如图 4－12 所示。

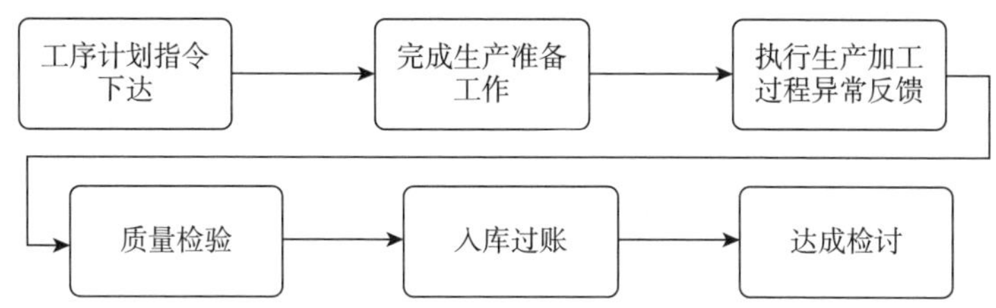


**图 4－12　生产执行流程示意图**

③流程活动节点说明，如表 4－31 所示。

**表 4－31　生产执行流程活动节点说明**

| 序号 | 活动角色 | 活动描述 | 时效 | 输入输出 |
|---|---|---|---|---|
| 01 | 计划员 | 下达日生产计划 | 每日 | 输入：主计划<br>输出：日生产计划 |
| 02 | 生产主管 | 安排完成生产准备工作 | 4H | 输入：日生产计划<br>输出：每日生产准备 |
| 03 | 当班组长 | 执行生产加工，并对过程异常及时反馈与处理 | 任务时效 | 输入：日生产计划<br>输出：执行生产并处理异常 |
| 04 | 质量主管 | 安排完成质量检验工作 | 任务时效 | 输入：日生产计划<br>输出：生产过程与入库质量检查 |
| 05 | 仓管员 | 生产好的成品入库过账 | 任务时效 | 输入：生产成品<br>输出：成品入库过账 |
| 06 | 计划员 | 每日对前一天的执行达成情况进行检讨 | 每日 | 输入：成品入库过账<br>输出：生产执行达成检讨 |

④流程相关表格，如表4-32所示。

表4-32 滚动三日生产计划跟踪表

| 客户名称 | 订单编号 | 工序名称 | 工序责任人 | 计划/达成 | ×月×日 | ×月×日 | ×月×日 | 计划员 | 备注 |
|---|---|---|---|---|---|---|---|---|---|
| | | | | 计划 | | | | | |
| | | | | 达成 | | | | | |
| | | | | 达成率 | | | | | |

（2）工程技术支撑流程。

生产部一般都会配备技术部来解决生产过程中的技术问题，区别于研发模块的技术解决责任，生产部配套的工程技术支撑模块一般定义的责任是解决量产中的生产技术问题。为了规范这一技术支撑模块，特制定工程技术支撑流程。

①流程架构卡，如表4-33所示。

表4-33 工程技术支撑流程架构卡

| 流程名称 | 工程技术支撑流程 | 流程层级 | L2 | 流程编码 | |
|---|---|---|---|---|---|
| 流程目的 | 规范生产过程中的技术支撑 | | | | |
| 流程责任人 | 制造部总监 | 上一层架构 | 制造执行 | | |
| 下一层流程 | 无 | | | | |
| 流程输入 | 转量产评审 | | | | |
| 流程输出 | 量产过程中的技术支撑 | | | | |
| 流程起点 | 转量产评审通过 | | | | |
| 流程终点 | 产品生命周期结束 | | | | |
| 流程度量指标 | 量产问题关闭率 | | | | |

②流程示意图，如图4－13所示。

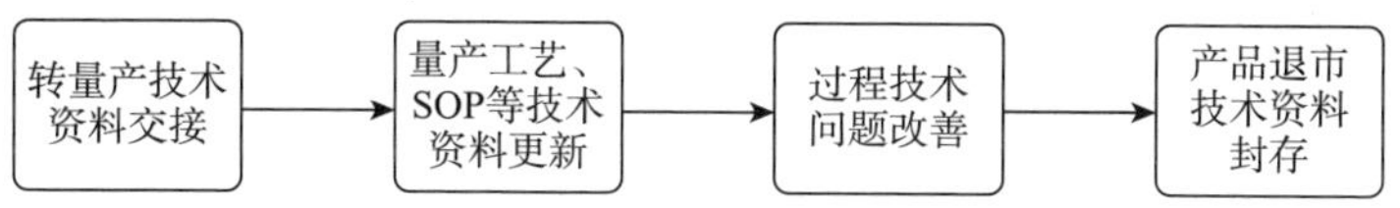


**图4－13　工程技术支撑流程示意图**

③流程活动节点说明，如表4－34所示。

**表4－34　工程技术支撑流程活动节点说明**

| 序号 | 活动角色 | 活动描述 | 时效 | 输入输出 |
|---|---|---|---|---|
| 01 | 研发项目经理 | 转量产评审完成后把产品技术资料交给生产技术经理 | －－ | 输入：转量产评审通过<br>输出：产品技术资料交接 |
| 02 | 生产技术经理 | 安排团队完成产品量产的各类工艺技术资料 | 任务时效 | 输入：产品技术资料交接<br>输出：量产工艺技术资料输出 |
| 03 | 技术员 | 生产过程中的各项技术问题改善，成本降低项目改善 | 任务时效 | 输入：日生产计划<br>输出：执行生产并处理异常 |
| 04 | 生产技术经理 | 明确产品退市信息后，对产品技术资料进行封存 | 任务时效 | 输入：产品退市指令<br>输出：封存对应技术资料 |

④流程相关表格。

此流程相关表格主要是一些产品技术资料的表格，比如工艺指导书等，不同公司会有不同的设计方式，因此就不做案例展示了。

（3）质量管理流程。

质量管理流程只是一个框架流程，每个模块都可以展开一个子流程，此处只对框架流程进行介绍。每家公司都会重视质量管理，质量管理是对过程的管理，但是因为没有具体的流程支撑，或者虽然有流程，但是流程不规范，导致生产过程不规范，进而产生诸多质量问题。因此，质量管理流程的梳理对每家公司都非常重要。

①流程架构卡，如表 4－35 所示。

**表 4－35 质量管理流程架构卡**

| 流程名称 | 质量管理流程 | 流程层级 | L2 | 流程编码 | |
|---|---|---|---|---|---|
| 流程目的 | 规范质量管理 | | | | |
| 流程责任人 | 制造部总监 | 上一层架构 | 制造执行 | | |
| 下一层流程 | 无 | | | | |
| 流程输入 | 生产执行任务 | | | | |
| 流程输出 | 质量管理 | | | | |
| 流程起点 | 生产执行开始 | | | | |
| 流程终点 | 客户售后服务满意 | | | | |
| 流程度量指标 | 质量问题关闭率、客户满意度 | | | | |

②流程示意图，如图 4－14 所示。

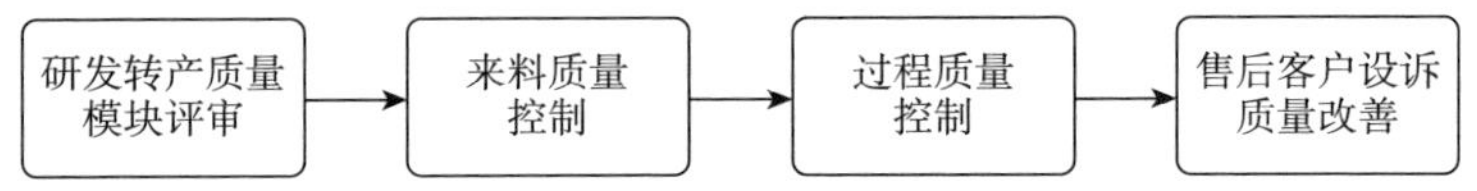


**图 4－14 质量管理流程示意图**

③流程活动节点说明，如表 4－36 所示。

**表 4－36 质量管理流程活动节点说明**

| 序号 | 活动角色 | 活动描述 | 时效 | 输入输出 |
|---|---|---|---|---|
| 01 | 研发质量经理 | 参与研发过程中的质量评审 | 任务时效 | 输入：研发项目需求<br>输出：研发质量评审 |
| 02 | 来料质量经理 | 组织对供应商阶段的来料质量进行控制 | 任务时效 | 输入：供应商管理需求<br>输出：来料质量控制 |

续表

| 序号 | 活动角色 | 活动描述 | 时效 | 输入输出 |
|---|---|---|---|---|
| 03 | 过程质量控制经理 | 负责生产执行过程中的质量控制 | 任务时效 | 输入：生产计划<br>输出：生产过程中的质量控制 |
| 04 | 售后质量经理 | 对客户投诉的质量问题进行处理 | 任务时效 | 输入：售后服务需求<br>输出：售后质量问题处理 |

④流程相关表格，如表 4－37、表 4－38、表 4－39 所示。

**表 4－37　研发质量评审表**

| 项目编号 | 产品型号 | 客户名称 | 功能标准 | 外观标准 | 结构要求 | 材料标准 | 其他要求 | 评审结论 | 主导人 |
|---|---|---|---|---|---|---|---|---|---|
| | | | | | | | | | |
| | | | | | | | | | |

**表 4－38　来料质量检验表**

| 订单编号 | 产品型号 | 供应商名称 | 来料数量 | 检验数量 | 合格数量 | 合格率 | 检验结论 | 处理意见 | 品质责任人 |
|---|---|---|---|---|---|---|---|---|---|
| | | | | | | | | | |
| | | | | | | | | | |

**表 4－39　过程质量控制表**

| 订单编号 | 产品型号 | 客户名称 | 线体编号 | 抽检时间 | 外观 | 功能 | 结构 | 是否整改 | 品质责任人 |
|---|---|---|---|---|---|---|---|---|---|
| | | | | | | | | | |
| | | | | | | | | | |

### 5. 仓储物流流程设计

仓储物流只有仓库管理和物流服务管理两个职能，因此核心流程也只有两个，如表 4－40 所示。

**表 4－40 仓储物流流程**

| 业务模块 | 一级流程 | 子流程 |
|---|---|---|
| 仓储物流 | 仓库管理流程 | 无 |
| | 物流服务流程 | 无 |

（1）仓储物流。

①流程架构卡，如表 4－41 所示。

**表 4－41 仓库管理流程架构卡**

| 流程名称 | 仓库管理流程 | 流程层级 | L2 | 流程编码 | |
|---|---|---|---|---|---|
| 流程目的 | 规范仓库管理 | | | | |
| 流程责任人 | 仓库经理 | 上一层架构 | 仓储物流 | | |
| 下一层流程 | 无 | | | | |
| 流程输入 | 产品出入库需求 | | | | |
| 流程输出 | 出入库账务处理 | | | | |
| 流程起点 | 出入库申请 | | | | |
| 流程终点 | 库存差异检讨 | | | | |
| 流程度量指标 | 库存准确率 | | | | |

②流程示意图，如图 4－15 所示。

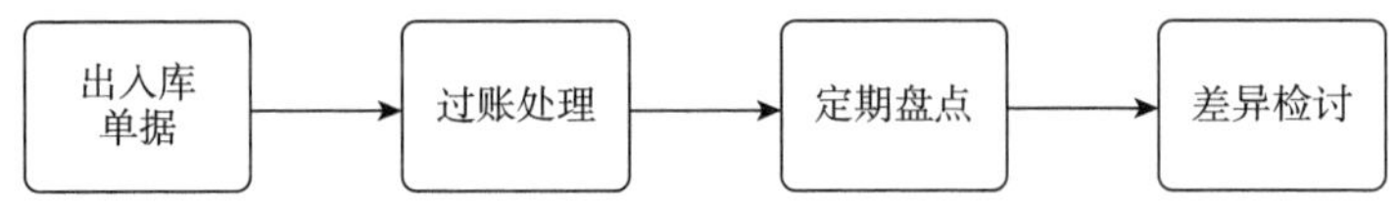


**图 4－15 仓库管理流程示意图**

③流程活动节点说明，如表4－42所示。

**表4－42　仓库管理流程活动节点说明**

| 序号 | 活动角色 | 活动描述 | 时效 | 输入输出 |
|---|---|---|---|---|
| 01 | 业务相关人员 | 办理出入库凭证给仓管员 | 不定时 | 输入：出入库需求<br>输出：出入库凭证 |
| 02 | 仓管员 | 根据出入库凭证办理账务手续 | 2H | 输入：出入库凭证<br>输出：出入库账务处理 |
| 03 | 财务经理 | 定期组织对仓库进行盘点 | 任务时效 | 输入：盘点需求<br>输出：盘点结论 |
| 04 | 仓库经理 | 对仓库账务差异进行检讨改进 | 任务时效 | 输入：盘点结论<br>输出：账务差异改进 |

④流程相关表格，如表4－43所示。

**表4－43　出入库登记表**

| 产品型号 | 产品编码 | 出入库类别 | 出入库数量 | 出入库凭证 | 时间 | 申请人 | 仓库经办人 | 备注 |
|---|---|---|---|---|---|---|---|---|
| | | | | | | | | |

仓储的流程很简单，重要的是规范要求。很多公司将库存的考核压给仓库，这是不对的。在这个过程中，我们要确定三个责任考核的规范，如表4－44所示。

表4－44 仓储责任考核的规范

| 考核类别 | 责任模块 | 考核内容 |
| --- | --- | --- |
| 管理责任 | 营销/客服 | 按照客户类别分类管理，对成品库存结果负责 |
|  | 采购/物控 | 原材料按照物料族由不同的采购员/物控员对原材料周转结果负责 |
| 账务责任 | 仓管 | 根据不同的仓位设立仓管员，对库存准确、过账及时、先进先出等结果进行考核 |
| 监控责任 | 经营管理 | 对所有库存进行监控，定期组织盘点、检讨、分析并跟踪库存处理结果，对整体库存周转结果负责 |

**管理责任：**根据业务属性来确定管理责任，比如成品的责任肯定是销售部承担。也许是客户的原因造成成品呆滞，但从内部管理的角度，责任要追究到对接客户的窗口部门——销售部或客服部。销售部要承担成品呆滞的处理责任，并将成品呆滞的压力转嫁给客户，督促客户安排出货计划，并定期监控成品库存的变化情况。同理，原材料呆滞考核物控和采购，通过区分业务责任减少在库呆滞原材料。

**账务责任：**仓库要对账务准确性、过账及时性进行考核，这是仓库的本职工作，必须做好。由于管理不规范，经常出现借料、补料的情况，或者先入实物后办入库手续的情况，这些情况都会造成账物不准，所以必须明确这类流程。但是仓库要清楚，虽然配合生产是应该的，但是账务错乱的责任在仓库，不能找其他理由推卸责任。

**监控责任：**日常工作中，业务部门（包括仓库）都把关注重心放在自己的业务领域上，不会特意关注库存情况。当库存呆滞较多的时候，只有关注整体经营管理的单位，才会发现库存呆滞对公司造成了较大影响。所以，经管部门作为整体库存考核的推动单位，要及时对管理单位进行督促考核，进行压力传递。

(2) 物流服务流程。

①流程架构卡，如表4－45所示。

**表4－45 物流服务流程架构卡**

| 流程名称 | 物流服务流程 | 流程层级 | L2 | 流程编码 | |
|---|---|---|---|---|---|
| 流程目的 | 规范物流服务业务 | | | | |
| 流程责任人 | 仓库经理 | 上一层架构 | 仓储物流 | | |
| 下一层流程 | 无 | | | | |
| 流程输入 | 物流服务指令 | | | | |
| 流程输出 | 完成物流服务 | | | | |
| 流程起点 | 订单出货指令 | | | | |
| 流程终点 | 办理销售出货 | | | | |
| 流程度量指标 | 物流服务满意度 | | | | |

②流程示意图，如图4－16所示。

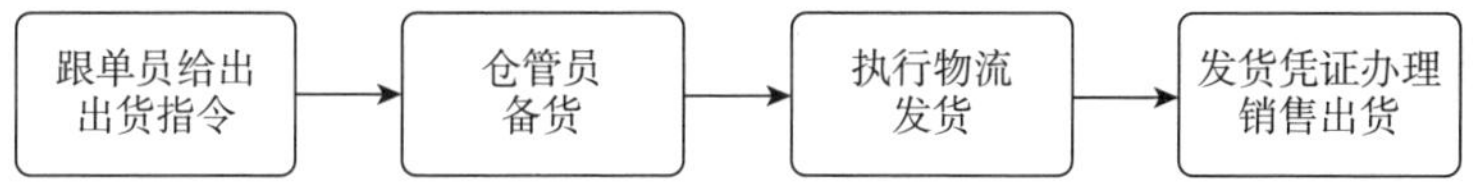


**图4－16 物流服务流程示意图**

③流程活动节点说明，如表4－46所示。

**表4－46 物流服务流程活动节点说明**

| 序号 | 活动角色 | 活动描述 | 时效 | 输入输出 |
|---|---|---|---|---|
| 01 | 跟单员 | 根据订单需求下达出货指令 | 每日 | 输入：订单需求<br>输出：订单出货指令 |
| 02 | 仓管员 | 根据出货指令匹配订单办理好备货及相关手续 | 2H | 输入：订单出货指令<br>输出：出入库账务处理 |

续表

| 序号 | 活动角色 | 活动描述 | 时效 | 输入输出 |
| --- | --- | --- | --- | --- |
| 03 | 物流专员 | 执行物流发货 | 任务时效 | 输入：订单出货指令<br>输出：执行物流发货 |
| 04 | 仓管员 | 执行物流发货凭证，办理销售出货 | 2H | 输入：执行物流发货凭证<br>输出：办理销售出货 |

④流程相关表单，如表 4－47 所示。

**表 4－47　出入库登记表**

| 客户名称 | 客户代码 | 订单编号 | 本次出货数量 | 累计出货数量 | 出库凭证 | 送货地址 | 送货时间 | 物流经办人 | 备注 |
| --- | --- | --- | --- | --- | --- | --- | --- | --- | --- |
| | | | | | | | | | |

## 6. 客户服务流程设计

客户服务只针对供应链部分，因此流程很简单，规划流程清单如表 4－48 所示。

**表 4－48　客户服务规划流程清单**

| 业务模块 | 一级流程 | 子流程 |
| --- | --- | --- |
| 客户服务 | 退货处理流程 | 无 |

（1）退货处理流程。

①流程架构卡，如表 4－49 所示。

**表 4－49　退货处理流程架构卡**

| 流程名称 | 退货处理流程 | 流程层级 | L2 | 流程编码 | |
| --- | --- | --- | --- | --- | --- |
| 流程目的 | 规范退货处理 | | | | |

续表

| 流程责任人 | 客服经理 | 上一层架构 | 客户服务 |
|---|---|---|---|
| 下一层流程 | 无 | | |
| 流程输入 | 退货需求 | | |
| 流程输出 | 补货及问题改进 | | |
| 流程起点 | 退货指令 | | |
| 流程终点 | 跟单员确认问题改善效果 | | |
| 流程度量指标 | 客户满意度、客户退货处理及时率 | | |

②流程示意图，如图 4－17 所示。

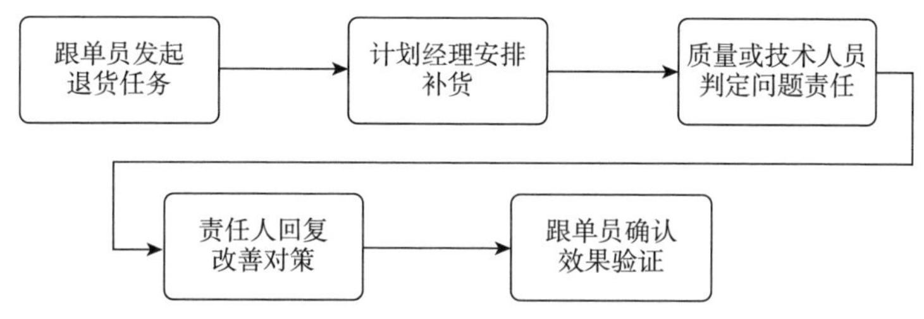


**图 4－17　退货处理流程示意图**

③流程活动节点说明。

以上流程作为营销模块的客户服务流程的一个子流程，专门针对供应链的退货处理，流程操作细节如表 4－50 所示。

**表 4－50　退货处理流程活动节点说明**

| 序号 | 活动角色 | 活动描述 | 时效 | 输入输出 |
|---|---|---|---|---|
| 01 | 跟单员 | 根据客户投诉发起退货任务 | 不定时 | 输入：客户的需求<br>输出：退货指令 |
| 02 | 计划经理 | 根据客户要求安排补货 | 任务时效 | 输入：退货指令<br>输出：完成补货 |

续表

| 序号 | 活动角色 | 活动描述 | 时效 | 输入输出 |
| --- | --- | --- | --- | --- |
| 03 | 质量或技术代表 | 分析退货原因，找出责任人 | 任务时效 | 输入：退货问题分析<br>输出：退货责任人 |
| 04 | 责任人 | 分析问题，给出改善对策与完成时间 | 任务时效 | 输入：退货分析<br>输出：问题改善对策与完成时间 |
| 05 | 跟单员 | 验证改善效果，并根据改善效果进行激励或考核 | 任务时效 | 输入：问题改善对策<br>输出：改善效果验证与激励 |

此流程从接到客户投诉开始，确定了投诉窗口为客服部或品质部，窗口流出到责任判定部门，判定责任后需要回复相应的改善对策，客服部与品质部将改善对策反馈到客户处，客户对方案表示满意后，再开展后期的对策落实稽查、大数据分析等工作，直到产生实际效果为止。

④流程相关表格。

这个表格跟 LTC 流程中的管理售后服务模块的退货处理表格一样，只是本流程中侧重的是供应链模块的管理，如表 4－51 所示。

**表 4－51　客户退货处理跟踪表**

| 客户名称 | | 客户代码 | | 退货订单 | | 退货数量 | |
| --- | --- | --- | --- | --- | --- | --- | --- |
| 退货原因 | 签字： | | | | | | |
| 补货处理 | 签字： | | | | | | |
| 原因分析 | 签字： | | | | | | |
| 责任人判定 | 签字： | | | | | | |
| 责任人回复对策 | 签字： | | | | | | |
| 跟踪对策效果 | 签字： | | | | | | |

## 小结

以上就是ISC集成供应链管理流程各模块的核心流程，还有很多延伸流程没有详细介绍，因为很多延伸流程要结合各公司的实际情况量身定做。

企业的ISC实践大致要经历四步：从解决内部核心问题开始，到实现内部整体最优，再扩展到外部建立供应链网络，直至成为行业领先者。目前大多数企业还处于初级阶段，即使是行业内排名靠前的企业，整个供应链建设仍任重而道远。华为董事长任正非曾经说过："ISC的改进目标不要总是追求最佳，最佳不一定能做得到，只要最实用就可以了，追求的目标不是世界级先进，目标不能太虚，太过于空泛，应该实事求是，立足于实际。"

在做流程时，要立足于实际，考虑企业与客户、供应商甚至竞争对手的战略关系，通过多种制造模式来为企业提供柔性供应能力，缩短订单履行周期来实现对客户的快速响应，集中化的ERP系统提供强大的IT能力，满足每个客户的需求，通过实践运作的有效性来提高财务层面的绩效数据。

## 第四节　ISC 集成系统规划

### 1. 供应链各模块系统集成规划

ISC 同前面章节的 CRM 与 PLM 不同，CRM 与 PLM 是单独的应用系统，而 ISC 是涉及多模块、不同业务集成的综合系统，这样才能实现流程功能，如图 4－18 所示。

可以看出，CRM 与 PLM 系统的对接，涉及的 IT 系统有 OMS 订单处理系统、APS 计划排产系统、MES 制造管理系统、QMS 质量管理系统、WMS 仓储管理系统、SRM 采购系统，当然还有最重要的 ERP 系统。这么多系统要集成起来不容易，很多系统所属的公司不一样，在端口对接上也是需要二次开发的，所以很多公司只有部分系统运行，其他模块的业务多靠手工运行，当然也有一些优秀的公司做到了系统集成。

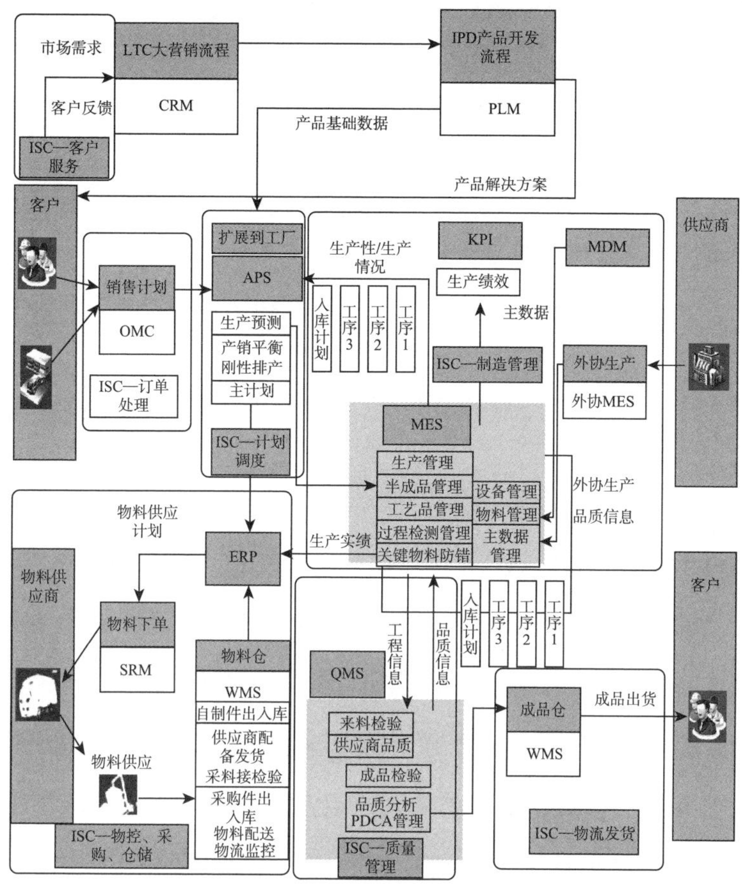


**图 4－18　ISC 集成系统关联图**

## 2. 供应链各子模块系统功能简介

（1）OMS 订单管理系统。

订单管理是对商户下达的各种指令进行管理、查询、修改、打印等，同时将业务部门处理信息反馈给客户。订单管理系统一般包括订单处理、订单确认、订单状态管理（包括取消、付款、发货等多种状态，以及订单出库和订单查询）等。

销售订单不仅是销售业务的业务处理源，更是工业系统整体的起源单据和最终目标，可以实现以销定产、以销售定计划、以销定购等多种业务模式，因而在整个订单系统中处于核心地位。

销售订单管理主要是订单执行的管理，即对订单的记录、跟踪和控制，包括针对销售合同的执行；控制定货价格、数量和客户、销售人员信用管理；对订单完成情况的跟踪、控制定单的实际执行；根据实际补货情况实现追加执行订单；对订单执行差异进行比较并显示出来，通过业务和分析报表进行订单执行情况的反映。如果企业有集团内部的购销业务，还要包括集团内部销货或调拨的订单的执行功能。

（2）APS 计划排产系统。

利用先进的信息科技及规划技术，比如遗传算法、限制理论、统筹学、生产模拟等，在考虑企业资源（主要为物料与产能）限制条件与生产现场的控制与派工法则下，规划可行的物料需求计划与生产排产计划，满足顾客需求及面对竞争激烈的市场。进阶生产规划及排产亦提供了可行性分析，可以让计划员快速结合生产信息（如订单、途程、存货、BOM 与产能限制等），综合企业利益与顾客权益做出最佳计划管理规划和决策。

特别要说明的是，由于 APS 需要的排产条件太多，很多不规范的企业在 APS 的应用上并不满意，而且需求经常变化，造成经常更改固定条件，所以一个企业是否要用 APS，一定要先判断自身的条件是否满足。如果只是为了用系统而不考虑实际情况，不一定会给企业带来实际效果。

（3）MES 系统。

MES（Manufacturing Execution System）即制造企业生产过程执行系统，是一套面向制造企业车间执行层的生产信息化管理系统。MES 可以为企业提供包括制造数据管理、计划排产管理、生产调度管理、库存管理、质量管理、人力资源管理、工作中心、设备管理、工具工装管理、采购管理、成本管理、项目看板管理、生产过程控制、底层数据集成分析、上层数据集成分解等管理模块，为企业打造一个扎实、可靠、全面、可行的制造协同管理平台。

MES 侧重车间作业计划的执行，利用了软件在车间控制和车间调度方面的功能，满足了车间现场多变的需求。MES 可以为用户提供一个快速反应、有弹性、精细化的制造业环境，帮助企业降低成本、按期交货，提高产品的质量和服务质量。适用于不同行业（家电、汽车、半导体、通讯、IT、医药），能够对单一的大批量生产和既有多品种小批量生产又有大批量生产的混合型制造企业提供良好的企业信息管理。

（4）SRM 系统。

供应商关系（SRM）管理，正如当今流行的 CRM 系统是用来改善与客户的关系一样，SRM 是用来改善与供应链上游供应商关系的。它是一种致力于实现与供应商建立和维持长久、紧密伙伴关系的管理思想和软件技术的解决方案，旨在改善企业与供应商之间关系的新型管理机制，实施于围绕企业采购业务相关的领域，目标是通过与供应商建立长期、紧密的业务关系，并通过对双方资源和竞争优势的整合来共同开拓市场，扩大市场需求和份额，降低产品前期的高额成本，实现双赢的企业管理模式。

由于供应商一般不能登录客户内部的系统，所以设计了在线供应商管理系统，让供应商通过网络界面就可以进行 SRM 系统管理。在线供应商关系管理（online SRM）就是将采购方和供应商之间的沟通和协同流程化，将基于纸质的业务流程转移到网络上，以电子形式进行信息的存储和沟通。提供在线SRM服务的网站是在线SRM的主要媒介。这些在线SRM网站通常存在于采购方和供应商公司防火墙之外，各方可以通过网页浏览器进行访问。在线SRM网站同采购方和供应商的后台系统（ERP、财务系统、采购系统等）进行集成，这样可以消除数据的双重输入。

（5）QMS质量管理系统。

QMS系统全称为质量管理系统（Quality Management System），是基于ISO/TS体系管理要求展开设计和开发的质量管理系统。其核心价值是实现企业质量管理的持续改进机制的固化，实现在现有科技高速发展背景下的质量管理模式的跨越发展。旨在提升企业产品质量保证能力的一套管理系统。

它的几个重要模块的功能介绍如下：

**进料检验：**通过与ERP或者WMS系统集成，实现检验任务的通知，维护检验员与物流关系，展开检验员任务管理；展开物流、零部件检验标准维护；展开抽样计划维护；展开抽样方案；加严、正常、放宽及免检的维护及人工干预基于来料信息，自动触发检验任务，并动态获取物流、零部件检验项目、方法、检验数量等信息；展开进货检验记录信息录入并自动判标，支持进货检验不合格处理，进货检验合格、不合格状态回写SAP，实现入库流程的真正闭环；展开任意供应商、物流进货检验合格率动态统计，展开供应商来料不合格信息查询，展开供应商来料不良监控。

**供应商质量管理：**展开供应商档案信息、联系人信息、三证信息、提供产品信息等维护，展开供应商准入流程的控制，基于物料的重要程度展开准入管控，根据准入阶段的动态变化，更新物料准入状态，展开准入现场审核、标准维护、现场审核报告自动评分，以及是否“通过”的自判定来支持展开样件鉴定、小批鉴定业务，以及样件鉴定、小批鉴定次数控制展开供应商业绩评价模型维护，供应商评价时支持根据物料类型，或物料重要的，或具体物料展开供应商评价。此系统同前面介绍的SRM系统有一定的交叉，两个系统同时用需要做好业务范围区分与权限管理，避免重复投入资源，而且两个系统之间要实现数据互通、接口开放，如此才能协同运作。

**制造质量管理系统：**支持整机涂装检验、调试检验、入库检验、发货检验、整机评价等不良BOM维护，并支持不良严重度、扣分值维护，基于业务逻辑实现整车一次合格率的自动统计。考虑到车间检验人员的便捷性和效率，检验信息录入采集将采用无线PDA方式采集。展开关键检验工序检验信息在线采集，基于系统集成、条码、离线PDA等技术实现现场整机检验信息的高效采集。实现检验不良项目的返工控制，实现不良原因、措施等返修信息的记录，并形成返修经验库。

**售后质量管理系统：**支持导入或系统录入售后理赔单，形成理赔单台账、查询展开售后旧件，返回跟踪管理，实现旧件返回过程管控。展开旧件返回后的责任鉴定工作，并支持对责任鉴定未完成旧件展开过滤查询。索赔旧件返回后，完成索赔鉴定后可自动生成对应的索赔通知单。展开索赔鉴定并生成二次索赔。展开理赔信息损失分析、整机型号分布分析、零部件分布分析、早期故障率分析等质量统计分析，为整机质量可靠性改进提高有效输入。展开抱怨客户分布、产品分布及问题点等分析展开零部件售后不良PPM动态统计及排名。

**问题改进管理系统：**QMS系统改进管理子系统主要功能如下：支持展开质量进货检验、制造过程、售后过程等业务过程的质量监控，并基于质量监控预警规则展开在线预警，也可以直接触发纠正预防措施或预警消息通知和纠正预防措施工作流的过程审批、展开过程审批任务管理，并展开任务通知。也支撑根据企业改进模式，如 8D、DMAIC、QCC 等改进模式展开对应表单及业务流程开发。

（6）WMS 系统。

WMS 是仓库管理系统（Warehouse Management System）的缩写，仓库管理系统是通过入库业务、出库业务、仓库调拨、库存调拨和虚拟仓管理等功能，对批次管理、物料对应、库存盘点、质检管理、虚拟仓管理和即时库存管理等功能综合运用的管理系统，有效控制并跟踪仓库业务的物流和成本管理全过程，实现或完善企业仓储信息管理。该系统可以独立执行库存操作，也可与其他系统的单据和凭证等结合使用，可为企业提供更完整的企业物流管理流程和财务管理信息。

企业仓库管理系统是一款标准化、智能化过程导向管理的仓库管理软件，它能够准确、高效地管理跟踪客户订单、采购订单，并进行仓库的综合管理。要从传统的“结果导向”转变成“过程导向”、从“数据录入”转变成“数据采集”，同时兼容原有的“数据录入”方式，从“人工找货”转变成“导向定位取货”。同时，引入“监控平台”，让管理更加高效、快捷。条码管理实质是过程管理，过程精细可控，结果自然正确无误。

（7）ERP 系统。

ERP 是 Enterprise Resource Planning（企业资源计划）的简称，是 20 世纪 90 年代美国一家 IT 公司根据当时计算机信息、IT 技术发展及企业对供应链管理的需求，预测在今后信息时代企业管理信息系统的发展趋势和即将发生的变革而提出的这个概念。ERP 是针对物资资源管理（物流）、人力资源管理（人流）、财务资源管理（财流）、信息资源管理（信息流）集成一体化的企业管理软件。它将包含客户的需求及满足客户服务的架构，使用图形用户接口，应用开放系统制作。除了已有的标准功能，还包括其他特性，如品质、过程运作管理及调整报告等。

ERP 系统可以对接前面介绍的六大系统，整合相关数据为物流、信息流、资金流的集成。ERP 系统的特点有：

- 企业内部管理所需的业务应用系统，主要是指财务、物流、人力资源等核心模块。
- ERP 系统是一个在全公司范围内应用的、高度集成的系统。数据在各业务系统之间高度共享，所有源数据只需在某一个系统中输入一次，就能保证数据的一致性。对公司内部业务流程和管理过程进行了优化，主要的业务流程实现了自动化。在有信号的地方都可以方便地进入系统中。集成性、先进性、统一性、完整性、开放性、实用性是 ERP 的优点。

## 小结

系统终究只是工具，很多公司 ERP 用了很多年，但是很多业务还是在手工运作；有些公司用了 ERP 后还是有很多基本功能没有启用。比如客户订单需求一旦录入系统，系统便会运行物料计划功能，生成工厂采购订单。如果手头有库存，ERP 就会发出指令让仓库出货。这些是基本功能，但是为什么不启用呢？原因是 ERP 的数据不可靠（不可靠的原因很多，比如标准 BOM 未及时更新、物料需求与过账数据未及时处理、在制库存账务不清、质量问题未及时处理、仓库过账不及时、出入库管理不规范等），需要人为判断，等于是系统给人增加了障碍，还不如手工做。系统能力不足，基础建设不够，对系统的数据维护不够，系统给人的信任度更低，只能靠人工来弥补，最后就是系统成了昂贵的摆设，计划在EXCEL里做，结果在系统中录入。

要改善这种情况，必须是系统、流程、人三者融合。在系统上，围绕公司的业务，做好基础建设工作，定期维护系统数据，做好流程匹配；在流程上，加强各业务模块的对接，建立定期和不定期的沟通机制，保持流程符合业务最佳实践；在人员能力建设上，要不断培训与实践锻炼，提升供应链的计划水平与制造能力。

## 第五节　组织与绩效管理在供应链模块的应用

### 1. 集成供应链组织管理

流程决定组织，供应链流程变革后如果没有组织匹配，流程成果难以固化。传统供应链组织不能说有多大问题，只是流程变革后部分组织需要适应新流程与系统，所以只是局部组织调整，并非全部。我们所说的流程决定组织，是指流程一旦确定后会有对应的岗位来承接该流程角色，并对该流程角色确定标准的作业时效与输出要求。从流程再造的角度，集成供应链组织设计要考虑以下要求：

（1）加强预测决策能力。

跟单员很多时候不敢对客户不明确的需求做预测，或者做了预测后与实际供应完全不匹配，失去了预测的意义。所以，我们建议加强内部预测决策能力，以及同后端供应匹配的信息传递能力。

（2）加强交付管理能力。

为了同“铁三角”的LTC流程要求相匹配，重要的项目要有交付经理的串接作用，明确交付需求与信息的传达。

（3）加强内部执行能力。

传统供应链组织最大的问题就是执行力，很多时候交付与成本的压力未传递到第一线，所以内部必须加强执行力考核及异常情况的监督。

（4）集权与分权的平衡。

比如采购组织，供应商选型、价格、订单与付款都集中在一个采购员身上的时候，约束能力不够，只靠事后稽查，很多问题发现不了，即便发现了问题，很多损失也不能挽回。跟单与计划从职能上看就是要互相约束，如果整合到一起，就会出现需求失控或库存过高等问题。

明确了供应链模块的战略方向后，再结合供应链模块的业务架构进行设计。实体化的供应链组织架构建议如图4－19所示。

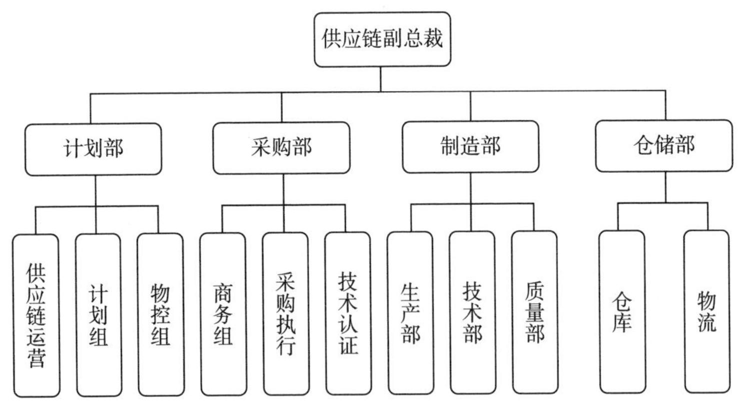


**图4－19　供应链模块组织架构图**

通过模块化的整合，减少部门墙，同时对各业务模块的承接又不能断层，这需要加强流程之间的串接，还需要通过虚拟组织来运作，才能更好地加强供应链模块之间的协同。

供应链模块还需要有交付项目这样的组织来对接，交付项目同其他模块的项目组织架构一样，交付经理作为交付项目经理，在项目范围内有调动交付资源的权力与责任，对交付项目内部的成员有激励考核的权力。建议组织架构如图 4－20 所示。

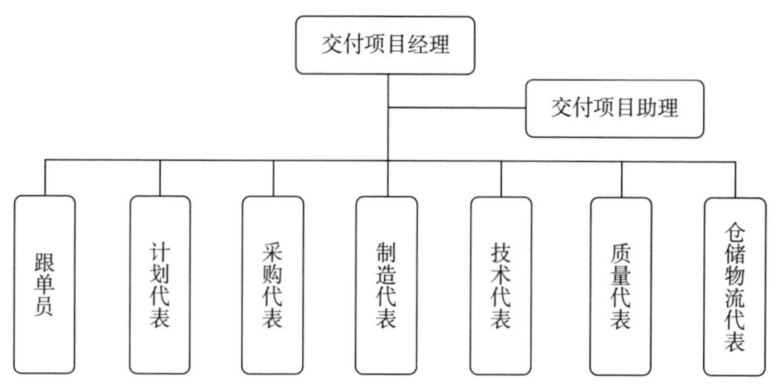


**图 4－20　交付项目组织架构图**

交付经理其实是“铁三角”中的交付经理角色（FR），同研发经理（SR）、销售经理（AR）都是可以直接同客户沟通对话的角色，对内可以统筹协调内部资源，满足交付需求。根据不同的项目级别由不同的层级岗位人员来担任交付经理，重要的项目甚至可以由总经理来担任项目经理。

为什么要有这个角色呢？传统供应链组织中所有的交付需求统一在跟单与计划之间传递，这几个岗位属性决定了他们不可能站在公司最高战略角度考虑问题，他们要考虑的是最大限度地满足所有交付，一旦满足不了就考虑先后顺序。而实际操作中，一个公司 80% 的利润是由 20% 的重点客户贡献的，所以交付经理要直接面对 20% 的重点客户，并从公司角度让资源向这 20% 的重点客户倾斜。另外，公司内部各部门的业务角色都是平级的，发生问题、矛盾的时候，谁也说服不了谁。所以在内部决策的时候，必须由一个高一级的交付领导人来统筹协调。

当然，也会存在两个同等项目交付冲突的情况，这时候就需要公司高层出面决策了，但交付经理内部应该通过沟通解决 90% 的问题，这就是虚拟交付组织存在的意义。当所负责的客户订单足够大的时候，虚拟的交付项目组可以转变为实体组织，成立一个新的事业部，专门服务重要的客户，这样更能保障公司核心资源向重点客户倾斜。

**2. 供应链模块的绩效考核方案**

供应链模块众多，各职能考核需要对供应链整体目标的分解，以及结合业务现状进行绩效考核方案设计，下面我们来逐个模块进行绩效考核方案案例说明。

（1）计划模块。

如表 4 – 52 所示，计划模块承接需求与计划管理两个模块的业务架构，需要对需求预测、交付达成、物料控制进行考核。库存周转天数是对整体供应链绩效考核的一个重要指标，各个公司都会考核这样的指标，供应链在这个指标中是关键控制因素。

**表 4 – 52 计划模块绩效考核方案设计**

| 部门 | 对应业务架构 | 关键绩效指标 |
| --- | --- | --- |
| 计划部 | 需求管理 | 预测准确率<br>交付计划达成率<br>物料需求计划达成率<br>库存周转天数 |
| | 计划管理 | |

（2）采购模块。

如表 4 – 53 所示，采购模块考核对成本与交付的控制即可，控制好这两个关键指标，采购就真正发挥作用了。

**表 4－53　采购模块绩效考核方案设计**

| 部门 | 对应业务架构 | 关键绩效指标 |
| --- | --- | --- |
| 采购部 | 采购管理 | 采购目标成本达成率<br>采购订单履约率 |

（3）制造模块。

如表 4－54 所示，制造模块包含生产、技术、质量，因此承担的绩效考核指标要多一些，也是供应链的问题体现最多的模块，绩效指标要尽量设计合理，不要有过多的冲突指标。主要还是交付、成本、质量的绩效考核导向，还有很多细分领域的考核要通过二级部门承接一些二级指标来执行。

**表 4－54　制造模块绩效考核方案设计**

| 部门 | 对应业务架构 | 关键绩效指标 |
| --- | --- | --- |
| 制造部 | 制造管理 | 人均生产总值<br>生产执行计划达成率<br>质量控制目标达成率 |

（4）仓储物流。

如表 4－55 所示，仓储物流模块还是围绕仓库管理与物流管理展开，这样的指标设计也符合模块的功能定位。

**表 4－55　仓储物流绩效考核方案设计**

| 部门 | 对应业务架构 | 关键绩效指标 |
| --- | --- | --- |
| 仓储部 | 仓储物流 | 库存盘点差异率<br>物流服务满意度 |

以上是组织绩效的考核方案，由于供应链模块的岗位众多，就不逐

个展示个人绩效考核方案设计了。

这里只对交付经理的绩效考核方案做单独展示，便于大家在实践中灵活应用，如表4－56所示。

**表4－56　交付经理的绩效考核方案**

| 考核类别 | 考核内容 | 权重 | 数据来源 | 执行考核 |
|---|---|---|---|---|
| KPI | 项目交付计划达成率 | 35% | 销售经理 | 绩效管理部 |
| | 产品供应链成本达成率 | 35% | 市场管理部 | 绩效管理部 |
| 关键任务 | 质量问题改善任务 | 30% | 销售经理 | 绩效管理部 |

可以看出，交付项目的考核还是围绕交付、成本、质量的考核导向来设计的。所以，供应链的绩效就是始终要坚持交付、成本、质量导向，并兼顾三者之间的平衡，这才是供应链的战略目标。

## 小结

关于供应链模块的介绍就到这里了。笔者从事了10年的供应链管理工作，对这个模块非常熟悉，很多业务模块与流程案例都是笔者的亲身实践总结出来的，有很强的参考性。但是各位读者朋友也不要生搬硬套，要结合实际工作来设计流程。

# 第五章

# 流程落地与复制推广的方法

## 第一节　流程管理部的职能定位

大部分民营企业在创立之初是没有流程管理这个职能的，但是流程却是从企业开创就存在的。随着企业的发展壮大，很多新的管理与服务职能模块陆续出现，比如经营管理、质量体系管理、内控审计等。但是流程管理职能一直都是最后被企业家关注的，等企业重视流程管理的时候，发现企业内部运营架构已经形成，要想进行大的变革已经非常困难了。因此，我们要对流程管理这个职能进行清晰的定位。如图 5 - 1 所示。

**1. 承接公司战略**

流程管理是公司全局的业务过程管理，这个管理的目标必须围绕公司整体经营的目标展开，否则流程管理只是局部的改善，不能展现流程

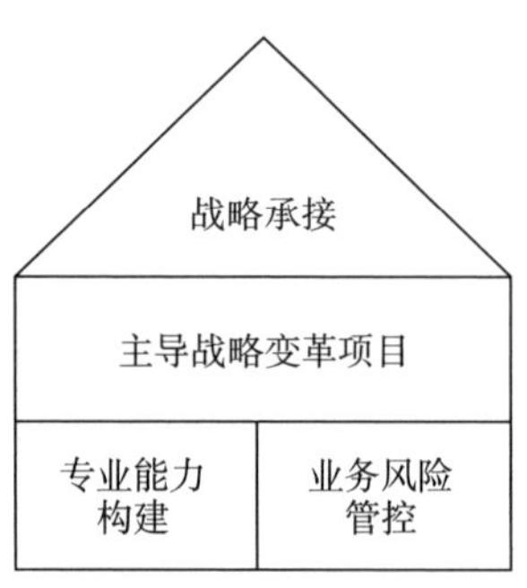


**图5－1　流程管理部门的主要职能定位**

管理的价值。流程管理本身并不是业务部门，要对业务部门进行约束并展开统一的规划，必须拿着战略的承接指令，业务部门才会配合工作。所以，战略的承接是非常重要的。

针对经营检讨的流程改善也是非常重要的，很多公司的经营者不懂流程管理，也没有接触过，他们信奉权力驱动。所以，针对经营问题就是不断开会、下任务、施压，在一定的压力驱使下，问题确实是短暂解决了。可一旦放松，问题又会重新出现。原因就在于没有从机制与规则上去预防这类问题，而流程管理就是从机制与规则上汇集最佳实践来解决问题、预防问题。流程管理要想得到业务部门的真正重视，还得找到这些经营中的问题，通过流程规则的建立与落地，真正彻底解决某个经营问题的时候，业务部门及企业高层领导才会重视流程管理的工作，真正让流程管理落到实处。

**2. 主导流程变革项目**

在承接战略规划与某个经营问题需要解决的时候，流程管理部应该主动跳出来主导这类变革项目。很多民营企业由于文化氛围不好，没有人敢担当，解决问题的时候左躲右闪，流程管理部的人不能受这种文化的影响。因为不能主导项目，只是将其他人推在前面的时候，流程管理的职能将变得可有可无。当然，主导并非完全自己干，必须指定各业务模块责任人，确定好流程 OWNER，并对这些责任人有一定的约束机制，比如绩效考核、激励与处罚等，要通过项目的方式制定好规则，推动变革落地。

流程管理部的人要敢于承担责任，但并非去背锅，在制定改善方案的过程中要多对标业界优秀公司的最佳实践经验，并多评审、多研讨、反复测试，最终通过系统固化流程变革成果。

刚开始做流程变革项目的时候不要急于求成，规划上可以从整体考虑，变革开始要先易后难，从局部的改善连成面，最终形成新的流程管理体系，这样流程管理的目标才能达成。

### 3. 专业服务能力建设

做流程管理的人多半是半路出家，如果一毕业就从事流程管理，做 5~10 年，这是很难成长的，因为太局限于理论，缺乏实践经验。我认为，流程管理团队不应该墨守成规，流程管理应该是开放的，是能主动学习与成长的团队。我在担任流程管理负责人的时候，就敞开大门，欢迎业务部门的人过来学习流程管理，也欢迎流程管理的人转到业务部门去担任某个业务部门的职位。但是有个要求，进入我的团队后必须主动学习，从书本知识里学习、向业务部门里有经验的人学习，多通过一些流程变革项目学到属于自己的管理理论与实践经验。我还会要求，每周有一名团队成员分享自己的学习心得，整个团队要共同成长。在这样的要求下，团队里学习氛围很浓，从部门出去的人基本能独当一面，而且是素质很高的综合性人才。

无论人才是进还是出，都是流程意识与文化的推广。我在担任集团流程管理负责人的时候，每到一个分公司出差，都会准备一些培训课件，给分公司的人进行培训。培训内容不局限于流程管理，有时也会做一些项目管理、业务架构等方面的培训，在培训的过程中树立流程管理的专业化形象，也实实在在地为分公司普及了一些管理理念与工具的运用。我认为，专业服务能力建设也是流程管理这个组织的使命之一。

**4. 专业风险管控**

我曾经同一位资深的审计总监沟通过，那种高高在上的感觉让我印象深刻。他似乎认为自己掌握了企业里所有人的生杀大权，俯视众生，让我感觉特别不自在。他的理念里，所有的审计问题多半是人性的问题，因此要多通过一些审计项目威慑众人，他所关注的基本上是职业道德风险。而我认为，好的制度可以让坏人不能作恶，而坏的制度会让好人变坏。流程管理是一种规则制度的集成，要通过不断的实践经验总结，预防制度漏洞，不断完善规则制度，才是流程管理的价值体现。

流程的梳理过程本身是一个自我检讨与审视漏洞的过程，在这个过程中，还要举一反三，查看其他业务规则里是否也存在类似漏洞。流程管理能预防解决风险问题，将会越来越受到企业高层的重视。

**小结**

我们对流程管理的职能定位是完全基于战略对流程管理的要求来设计的，下节我们将根据这个战略构建来对流程管理模块的业务架构进行设计。

# 第二节　流程管理模块的业务架构设计

流程管理本身同其他业务部门一样，也有自己的业务架构，如图5－2所示。

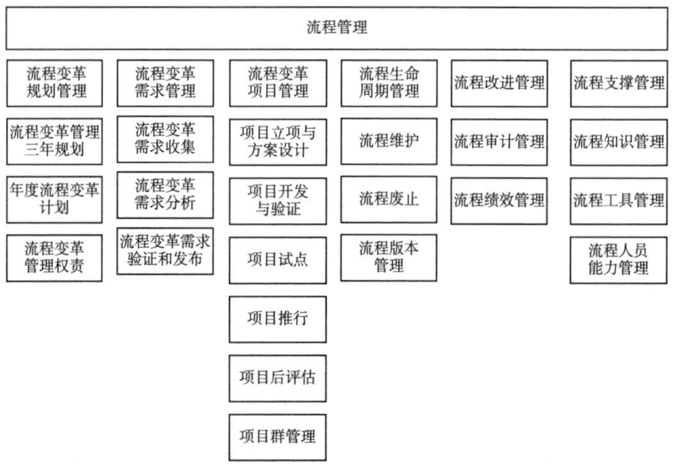


**图5－2　流程管理模块业务架构**

### 1. 流程变革规划与项目管理

前面讲了流程管理部的价值与使命，其中，重要的一环是承接公司战略。战略本身没有提出对流程的要求，但是对于变革是有要求的。因此，流程变革要关注企业对管理变革的要求，如要对营销管理体系进行优化，以便更好地服务客户。根据这个战略规划，就可以分解出营销LTC流程的变革规划，提出营销模块业务流程的变革要求。

根据流程变革要求梳理出各个子项目，比如有可能分解出市场规划的改善项目、报价的改善项目、客户关系管理的改善项目。这些项目要进行论证研讨分析，才能正式进入立项阶段，避免浪费资源。

变革需求清楚后，就要对项目群进行管理，按照项目管理的规则有立项、实施、效果验证、复制推广等环节，通过统一的项目管理，让流程变革项目产生实在的改善效果，真正体现流程管理的价值。

### 2. 流程生命周期管理

流程变革项目结束后，项目组将会解散。如果没有人维护流程与制度，最终也不过是一份文件。因此，要有组织承接流程的全生命周期管理，这就需要借助流程管理体系。我一直强调流程管理体系的建设，集团与各分公司、集团与各业务模块，各事业部有明确的流程管理接口人，对流程管理的落地进行监控，对流程责任人的流程管理绩效进行激励与处罚。

之所以流程需要全生命周期管理，是因为流程也是有生命的，它伴随着业务出生、成长优化到废止死亡。业务随着企业经营环境的变化而不断变化，作为支撑业务运行的流程规则当然也要不断优化来适应环境的变化，它要不断成长变量，最终目的是支撑业务有效运作，为企业、为顾客创造价值。

**3. 流程改进管理**

流程改进主要包括两个方面：流程审计与流程绩效管理。流程审计是固定周期内对流程建设与流程落地的有效性进行审计，最终会输出流程管理成熟度的评估，以及具体的改善要求。这项工作是由时间驱动的，到时间就进行流程审计。

我曾经去武汉××通信公司交流过，他们公司的审计管理做得非常好。一般每年 10 月份就开始规划流程审计工作，做好规划后，每个业务模块的流程总负责人要亲自汇报一年的流程管理工作是否达到了去年的要求，没达到是什么原因，后面有哪些改善对策。集团最高领导都会参加，所以流程责任人非常重视，而流程责任人一般是各事业部、各业务模块的最高责任人。

流程绩效管理则是一项日常工作，流程管理部要在流程发布一个月后对流程实施的绩效进行考评，这样才能保证流程责任人重视流程的落地效果。流程的绩效包括流程关联的经营 KPI、流程输出的标准程度、流程的时效控制等，根据实际业务情况设定不同的权重，最终给出一个考核得分，对流程责任人进行激励与处罚，促进流程落地。

**4. 流程支撑管理**

流程支撑主要是一些支撑类的工作，比如培训、流程意识宣传贯彻。我曾经要求我的团队每周要推送一些流程知识与案例给所有能收到邮件的人，要坚持这样做——普及流程文化。

还有流程文件的标准化管理、流程管理软件的应用、流程案例知识库的建设等，都能有效地促进流程管理工作。

## 小结

以上是流程管理的一部分实践经验总结，实际上还有很多内容没有展开，我只是从整体上去分解架构与具体的工作思路。实际上每家企业的情况不同，在开展流程管理工作的时候要根据实际情况进行，不需要追求大而广，能解决企业的问题才是最好的流程管理方案。

## 第三节　流程架构卡的应用

我在三大核心业务模块的流程案例中都引用了流程架构卡的应用，为什么一定要制作流程架构卡呢？我们来看表 5－1 的流程架构卡设计。

表 5－1　流程架构卡

| 流程名称 | | 流程层级 | | 流程编码 | |
| --- | --- | --- | --- | --- | --- |
| 流程目的 | | | | | |
| 流程责任人 | | 上一层架构 | | | |
| 下一层流程 | | | | | |
| 流程输入 | | | | | |
| 流程输出 | | | | | |
| 流程起点 | | | | | |
| 流程终点 | | | | | |
| 流程度量指标 | | | | | |

流程架构卡的设计体现了流程管理的很多要素，根据这个模板的要求，可以快速对该流程的设计进行定位，并明确流程的串接、流程绩效的衡量等。

### 1. 流程名称、流程层级、流程编码

流程名称与编码很好理解，这是流程的必备要素；流程层级则要符合业务架构中的层级属性。我们将最上层的流程架构定义为 L0，依次往下展开是 L1、L2……对流程层级的定义可以让我们快速找到该流程的定位，便于对业务架构拆分落地，确定流程业务范围。

### 2. 流程目的

关于流程目的的理解很多人都有误差，比如公司的培训流程，要解决什么问题？有人回答是为公司内部员工服务，提升员工的知识能力与管理能力。这个答案不够准确，如果是为员工服务，那么员工为什么很多时候并不愿意接受培训呢？很多培训是强制性的。我认为，培训流程的目的是为公司整体利益服务，是为了让员工的能力符合公司的要求，最终为公司创造利益。这样就很容易理解培训流程的目的了，后面再设计流程的时候就要贯穿这个要素，让员工的能力符合公司发展的要求。

### 3. 流程责任人、上一层架构、下一层流程

流程责任人对流程管理至关重要，后面章节将会详细介绍流程责任人的管理应用。很多公司的流程制度很健全，但就是执行不力，很重要的一个原因是流程责任人的机制不够完善。

上一层架构与下一层流程主要是为了明确流程的串接关系，确保各

个流程都是能连通的，避免业务之间出现空白地带。

#### 4. 流程输入、流程输出

流程输入是指流程业务开始运行后流程最开始的启动条件，满足这些条件才能启动流程，如同流水线一样，有电、有原材料、有工人、有设备才能启动流水线，流程输入就是要明确这个条件，流程输出就是这个流程的实际产出是什么。这样就明确了流程的运作规则与实际要求，避免流程设计飘在空中的情况。

#### 5. 流程起点、流程终点

流程的设计是分段式的，如同公路的修建，分段来设计流程，最终连通成了公路网。既然是分段设计，从哪里开始到哪里结束就要明确清楚，否则公路之间的连通就会出现空白地带。

#### 6. 流程度量指标

流程是某段业务的集成，流程运作的好坏会直接影响这段业务的实际效果，因此对业务的指标评价会反映流程的运作绩效，这也是考核流程责任人的重要指标。

# 第四节 流程责任人管理机制

## 1. 为什么需要流程责任人

以往发布一个流程或制度，发布后，任务就完成了。对该流程或该制度的落地情况缺乏关注，稽核或客户审核发现问题后，质量体系管理人员就会向老板投诉：文件早就发布了，为什么不按照文件执行呢？主要原因就在于流程 OWNER 管理制度的缺失。

流程所有者（流程 OWNER）必须对流程运行的结果负责，必须关注与流程相关联的 KPI，流程时效、流程输出物是否按照文件的要求进行，必须关注流程关联的业务人员对流程运行的满意情况。流程 OWNER 是业务流的管控者，肩负着对业务流程运行的管控使命，所以流程 OWNER 对流程角色有提出要求的权力，并对流程执行的情况进行总结，对流程设计的问题进行调整。只有大家都按照流程规范操作了，过程规范了，才会有好的结果。所以，流程 OWENR 管理其实是对业务过程的管理。有了流程责任人在流程过程中的管理职责，流程才能真正落地。

**2. 流程 OWNER 的职责**

**流程设计：**很多企业，尤其是流程建设阶段的企业通常认为流程建立是流程管理部的职责。实际上，流程管理部主要是规范流程体系的运作，对流程 OWNER 做一些引导和辅助流程管理方面的工作，无法实时监控流程的运行。因为流程管理部不参与实际业务运作，没有管理权限，充当流程顾问角色，实际的流程管理工作主要靠流程 OWNER。

**流程执行：**流程 OWNER 对流程角色有流程考核权限，所以流程 OWNER 应该负责流程的推动执行、沟通与协调内部的流程问题等。

**流程的绩效评估：**对新建立的流程需要进行绩效评估，但这一点很多公司都做不到，为此需要设计一套流程考评规则，具体的考评规则可根据公司的实际情况而定。但是要尽可能让流程考评规则能关联到经营 KPI，这样才能体现流程给实际业务带来的帮助。整体思维导向是流程 OWNER 应该自动自发地关注流程绩效，关注流程产生的实际效果。

**流程持续优化：**流程建立后并不是一成不变的，是随着业务的发展而变化的，而且流程设计不合理也会导致流程在执行过程中出现问题，所以流程 OWENR 应该持续优化调整流程，流程是帮助大家解决问题的，而不是设置障碍的。如果发现流程设计不合理，或跟不上业务发展变化，就必须对流程持续优化。

### 3. 流程 OWNER 管理制度应用

推行流程 OWNER 管理制度究竟能为业务带来哪些帮助呢？以某公司异常反馈与处理流程作为案例，流程示意图如图 5－3 所示。

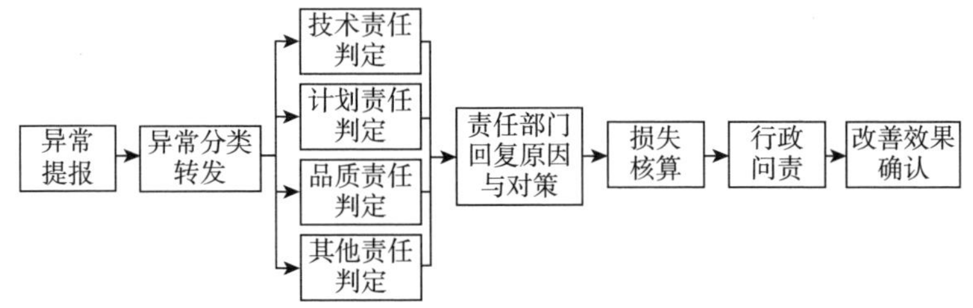


**图 5－3　某公司异常反馈与处理流程示意图**

（1）实施流程 OWNER 制度前的问题有：

①流程闭环不好，如表 5－2 所示。

**表 5－2　流程闭环**

| 反馈部门 | 反馈单数 | 结案单数 | 结案率 |
|---|---|---|---|
| 生产一部 | 42 | 30 | 71% |
| 生产二部 | 27 | 5 | 19% |
| 生产三部 | 38 | 24 | 63% |
| 总计 | 107 | 59 | 55% |

流程闭环（反馈单据结案率）55%。

②流程操作时效较长，如表5－3所示。

**表5－3　流程操作时效**

| 反馈部门 | 平均时效（H） |
|---|---|
| 生产一部 | 22 |
| 生产二部 | 64 |
| 生产三部 | 33 |
| 总计 | 39.7 |

流程平均时效（单个流程结案时效）为39.7H。

（2）实施流程OWNER制度后的改善效果：

通过推行流程OWNER管理制度，流程OWNER主动完成了以下事项：

①对流程执行过程进行跟踪。

通过各部门指定的兼职流程代表，对各部门的异常单据处理情况每周跟踪提报给流程OWNER，流程OWNER对单据处理不理想的部门进行问题分析，并约谈部门负责人，加强流程执行力。跟踪过程如表5－4所示。

②流程执行结果考核。

通过对单据处理情况进行统计，对所有参与流程角色的个人进行考评打分，再根据考核前设定的激励规则执行奖励与处罚，如表5－5所示。

**表 5－4 流程执行跟踪过程**

| 3 月份异常反馈单据统计 | | | | | | | | | | | | | |
|---|---|---|---|---|---|---|---|---|---|---|---|---|---|
| 部门 | 单据类别 | 反馈日期 (03.01－03.12) | | | 反馈日期 (03.13－03.19) | | | 反馈日期 (03.20－03.26) | | | 反馈日期 (03.27－04.02) | | |
| | | 提报 | 结案 | 未结果 | 提报 | 结案 | 未结果 | 提报 | 结案 | 未结果 | 提报 | 结案 | 未结果 |
| 生产一部 | 品质异常 | 4 | 4 | 0 | 6 | 6 | 0 | 2 | 2 | 0 | 3 | 2 | 1 |
| | 计划未达成 | | | | | | | | | | 1 | 0 | 1 |
| 生产二部 | 欠料待料 | | | | 3 | 3 | 0 | | | | | | |
| | 品质异常 | 3 | 3 | 0 | 3 | 3 | 0 | 5 | 5 | 0 | 7 | 5 | 2 |
| 生产三部 | 计划未达成 | | | | | | | | | | | | |
| | 品质异常 | 1 | 1 | 0 | 1 | 1 | 0 | 1 | 0 | 1 | 2 | 1 | 1 |
| | 技术异常 | 1 | 1 | 0 | | | | | | | | | |
| 计划物控课 | 计划未达成 | 1 | 1 | 0 | 6 | 6 | 0 | 2 | 1 | 1 | 8 | 7 | 1 |
| | 欠料待料 | 1 | 1 | 0 | 2 | 2 | 0 | 1 | 1 | 0 | 1 | 1 | 0 |
| | 品质异常 | | | | 3 | 3 | 0 | | | | 1 | 1 | 0 |
| | 设备故障 | | | | 2 | 2 | 0 | | | | | | |
| 小计 | | 11 | 11 | 0 | 26 | 26 | 0 | 11 | 9 | 2 | 23 | 17 | 6 |

表 5－5　流程执行结果考核

| 姓名 | 部门 | 流程执行考核得分 | 激励方案 | 备注 |
|---|---|---|---|---|
| 李×× | 生产一部 | 94 | 奖励 50 元 | 提报及时，审单及时 |
| 张×× | 生产二部 | 52 | 警告处分 | 三单未提报，审批超时效 10 单 |
| 王×× | 生产三部 | 100 | 奖励 100 元 | 提报审批及时，有明确改善效果一单 |
| 赵×× | 运营部 | 80 | 不奖不罚 | 审单及时，但是部门反馈率偏低 |
| …… | …… | | | |

通过考核传递流程压力，让流程相关人员时刻关注流程，并以实际行动完成流程规定的标准操作与输出要求。

③流程绩效改善。

改善前后对比统计，如表 5－6 所示。

表 5－6　流程绩效改善

| 类别 | 改善前 | 改善后 |
|---|---|---|
| 流程平均时效 | 40H | 18H |
| 单据结案率 | 55% | 94% |
| 异常反馈率 | 25% | 25% |
| 流程风险 | 3 处 | 3 |

## 小结

流程 OWNER 是流程执行的推手，在流程 OWNER 管好流程的前提下，流程管理部的同事再协助流程 OWNER 做好流程绩效考评、流程信息化建设、流程与组织绩效的关联运作，流程就一定能为业务创造价值。

## 第五节　流程优化六步法

流程优化首先要看成是一个流程变革项目来运作，仅靠流程管理部的人或某个业务部门的人是难以独立完成这项工作的，因为一个流程一般是跨几个部门的业务，需要整合相关人员完成流程优化工作。主要操作顺序如图 5 -4 所示。

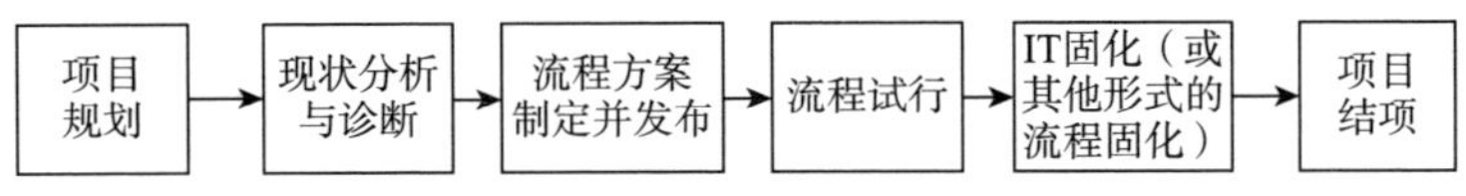


**图 5 -4　流程优化六步法示意图**

**1. 项目规划**

任何一个流程再造都不是简单地写方案、写文件，应该视为整合公司资源，解决一个难点痛点问题的项目，通过项目规划、成立项目团队、拟订项目计划才能展开工作。

是不是所有的项目都要这么正式呢？不是，小的流程项目内部开会商量一下就行，但是对于大型的流程再造项目，如前面提的LTC、IPD、ISC等要正式立项。因为大型项目涉及范围广、任务多、参与人员多，如果不能按照项目管理的方式统一协调，最后很难产生实际的效果。

**2. 现状分析与诊断**

现状分析与流程诊断是非常必要的，要解决问题一定要找到问题的本质，不能因为表象就将大量的精力投入其中。很多问题不仅仅是流程问题，也无法通过流程来解决，比如系统功能的问题，流程再怎么设计都改变不了，但是可以通过流程诊断后将所有问题统一整合。流程再造其实是一个管理变革项目，涉及多方面的整合。现状分析与诊断可以参照表5－7、表5－8。

**表5－7　流程运行现状表**

| 节点顺序 | 活动名称 | 流程角色 | 具体工作描述 | 问题点 | 原因 | 重要层度 | 引用文件 |
|---|---|---|---|---|---|---|---|
| | | | | | | | |
| | | | | | | | |

**表5－8　流程问题诊断分析表**

| 节点顺序 | 活动描述 | 活动分析 | | | | | 时效 | 操作者 |
|---|---|---|---|---|---|---|---|---|
| | | 增值分析 | 不增值分析 | 检查 | 传递 | 延误 | | |
| | | | | | | | | |
| | | | | | | | | |

以上表格只是参考，实际工作中要了解的问题更多，所以大家不要受限于参考表格，多了解问题、多思考如何解决问题。

### 3. 方案制定并发布

（1）明确流程的目的。

每一个流程都应该有它存在的价值，流程管理体系的最终价值就是为客户创造价值，不论直接的还是间接的，能为客户创造价值的流程是所有流程的最终目的。

（2）流程优化 ESEIA 原则。

通过清除（Eliminate）、简化（Simplify）、填补（Establish）、整合（Integrate）、自动化（Automate），减少流程中非增值活动，增加流程核心增值活动。

（3）流程优化后应该满足以下条件，如图 5－5 所示：

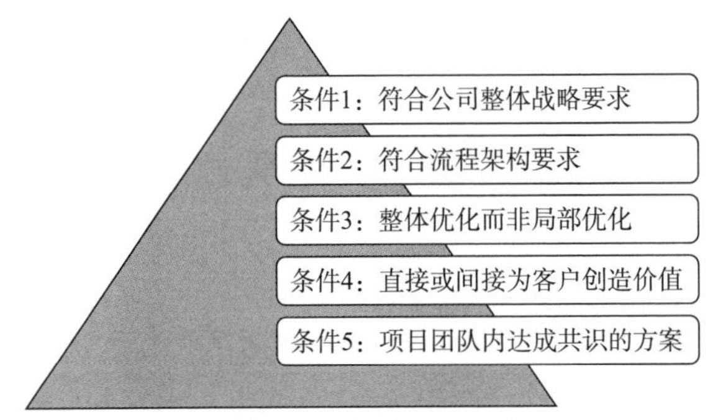


**图 5－5　流程优化设计工作导向示意图**

图 5－5 是流程设计的一些原则，但是流程方案能否生效还需要组织相关人员进行评审，通过后才开始制作流程文件，进行下一阶段工作。

#### 4. 流程试行

流程评审后要经过一段时间的测试，对测试中发现的问题进行再次优化，这样才能保障流程在真正实施的时候问题最少。注意以下几点要求：

● 通过流程发布会把涉及的部门召集起来，确认流程角色职责，评审签字确认后实施。

● 经过一段实际流程操作测试后，对流程试运行情况进行总结，针对评估结果组织会议研讨。

● 针对问题再次优化改善流程方案。

#### 5. IT 固化（或其他形式的流程固化）

流程确认后，要借助 IT 工具进行固化，通过 IT 系统确保流程执行力，如此才能让流程优化真正产生实际效果。

也有一些流程不需要通过 IT 固化，通过表格固化再配以激励制度也可以取得固化的效果。这种情况适用于 IT 条件不大成熟的公司，或者是优化的流程非常小，没有必要通过 IT 系统来固化流程的公司。

IT 固化的工作步骤如图 5－6 所示。

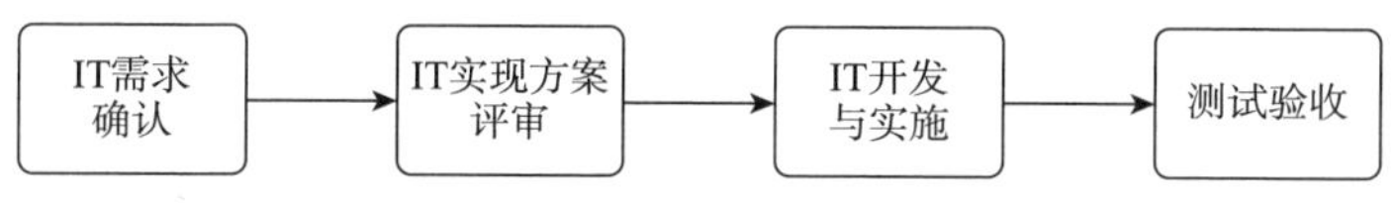


**图 5－6　流程 IT 固化工作步骤**

流程 OWNER 应该关注 IT 化的成果，所以最终流程 IT 化的成果由流程 OWNER 组织验收。

### 6. 项目结项

工作完成后，项目还没有结束，最后应该由项目经理组织大家总结，对当初流程再造的目的是否达成、项目实施过程中是否发现新的问题、项目有哪些经验可以复制推广进行综合评估总结。工作步骤如图5－7所示。

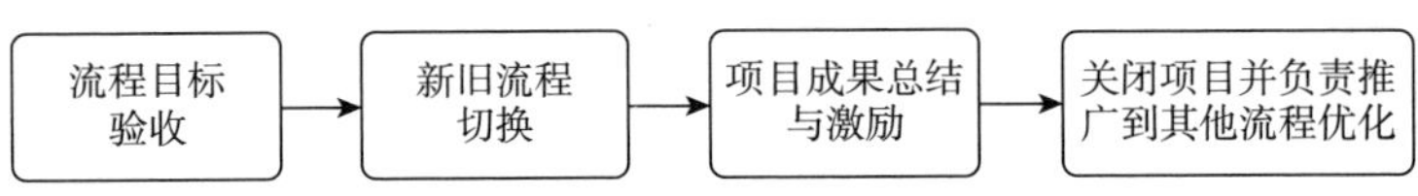


**图5－7　流程优化项目关闭工作步骤**

### 小结

流程优化六步法是流程变革的六大步骤，实际工作中可适当调整，但是大的关键节点必须要有。

# 第六节　流程文件标准化

**1. 试用版流程文件**

流程未正式确认之前会有很多变化，为了让试用期间的信息传递快速准确，而且便于更改，我设计了一个试用版的流程文件格式，运用效果较好。建议表格如表 5 – 9、表 5 – 10、表 5 – 11 所示。

（1）流程基本信息。

流程基本信息如表 5 – 9 所示。

**表 5 – 9　流程基本信息**

| ××流程 | | | |
|---|---|---|---|
| **流程名称** | | **评审时间** | |
| **流程 OWNER** | | **流程管理员** | |

续表

| ××流程 | |
|---|---|
| 关联部门 | |
| 评审人员 | |
| 流程问题 | |
| 流程方案（示意图） | |
| 改善点 | |

（2）流程操作细节。

流程操作细节如表5－10所示。

**表5－10　流程操作细节**

| 节点 | 流程角色 | 活动描述 | 时效 | 输入输出 |
|---|---|---|---|---|
| | | | | |

（3）流程评审记录。

流程评审记录如表5－11所示。

**表5－11　流程评审记录**

| 部门 | 评审人 | 评审意见 | 签字 |
|---|---|---|---|
| | | | |
| | | | |

套用以上格式可以快速输出一个标准化的试用流程。

### 2. 正式版流程文件

一旦流程变革项目结束，流程进入生命周期维护阶段，就需要通过正式流程文件来统一管理了，文件格式参考如下：

(1) 参考表5－12的流程基本信息表达方式案例。

**表5－12　流程基本信息表达方式案例**

| 文件名称：标题三号加粗 | 版　本 | |
|---|---|---|
| | 页　码 | OF |

1. **目的**

(此部分编写本文件编制的目的)

2. **范围**

(此部分编写本文件的试用范围，一般编写方式为文件覆盖的组织范围)

3. **职责**

| 流程角色 | 对应岗位 | 职责 |
|---|---|---|
| 流程OWNER | 对应的唯一岗位名称，如PMC课长 | 1. 负责本流程的整体设计、发行、宣导、运行状况监督和优化，对本流程运行的结果负责<br>2. 对影响本流程执行的角色有权力提出考核<br>3. 负责本流程执行问题的协调解决，对流程角色提出的求助给予帮助指导 |
| 流程管理员 | 对应的唯一岗位名称，如PMC高级工程师 | 协助流程OWNER对本流程进行管理，如流程编写、培训、运行数据提交等 |
| PC | 计划员、高级计划员 | ……(注：从这行开始，以下都是流程角色相关的职责)<br>根据交货需求进行计划的排配，跟进生产计划达成 |
| MC | 物控工程师、高级物控工程师 | 根据订单需求进行展工单、下需求，并进行库存物料控制 |
| …… | …… | …… |

(2) 流程内容表达方式。

流程的定义、程序内容、操作流程如图5－8所示。

4. **定义**

(此部分可对一些新名词、简称等进行定义或解释)

5. **程序内容**

(此部分编写流程图、流程活动、流程KPI及其他流程要求)

5.1 **操作流程：**

**图5－8　流程的定义、程序内容、操作流程**

流程图的表达方式要求用正式的泳道图来表达，如图 5 -9 所示。

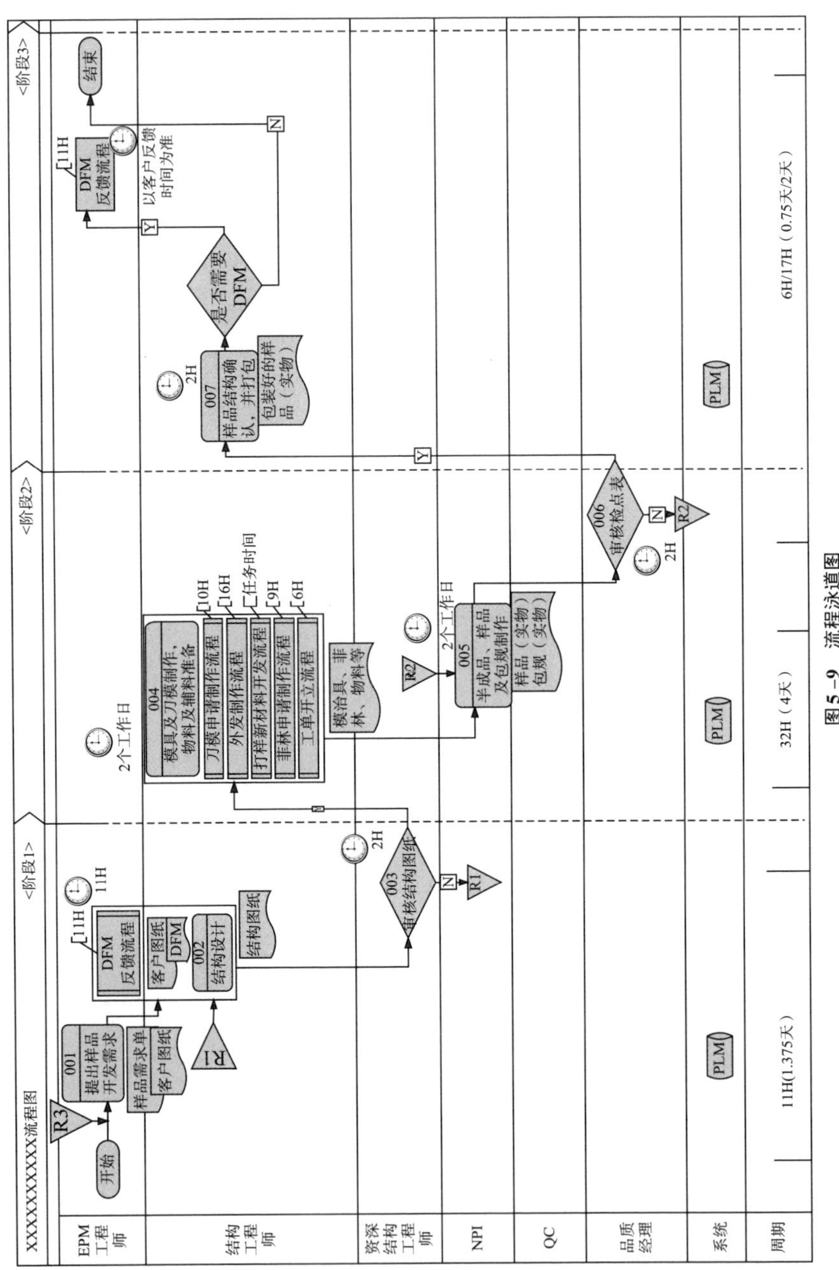


图 5 -9　流程泳道图

（3）其他表达内容要求，如表5-13所示。

**表5-13 其他表达内容要求**

**5.3 其他内容要求：**

**5.4 流程 KPI：**

（没有 KPI 的可以写无）

| 指标名称 | 指标定义 | 计算公式 | 责任人 | 统计人 |
|---|---|---|---|---|
| 指标的名称 | 指标的详细定义或说明 | （公式里要出现统计周期如按月、按季度或按年） | （角色，唯一） | （角色，唯一） |

**5.5 文件签核发布要求：**

**所有流程文件签核都必须按照《流程文件发布流程》执行，文件签批统一用《文件评审记录表》。**

**6. 相关附件及表单**

**字体说明：**

公司名称：28号隶书加粗

标题框字体：12号宋体

文本字体：11号宋体（正常）　　行距：固定值18

上下左右的间距：上下：1.5CM　左右1.5CM.

页眉：1cm　　页脚：1cm

以上就是流程文件标准参考案例，实际工作中不一定非要完全参考这个模板，可以根据所在公司的实际情况来设计流程标准文件模板，只要实用、操作简单、信息清晰就行。

## 第七节 流程管理从业人员的要求

很多企业招聘流程管理人员时，多从学历与流程管理经验提出要求，但我认为这些都不是最重要的，思维能力与做事的方法才是对流程管理人员最高的要求。

**1. 结构化思维能力**

结构化思维是指一个人在面对工作任务或者难题时能从多个角度思考，深刻分析问题出现的原因，系统制定行动方案，并采取恰当的手段使工作得以高效率开展，取得高绩效。

**2. 精通业务规则**

流程管理的服务职能要远大于管控职能，要同业务部门合作好，就必须精通业务规则。这需要深入了解业务，多实地走访、多同业务部门的人沟通、多通过实际案例总结业务规则。为了做到专业化，很多大型公司会将企业业务分类，然后由不同领域的业务专家来负责流程管理，也就出现了研发流程管理专家、营销流程管理专家、供应链流程管理专家等。但是规模小一点的公司还没有这个条件，这就要求一专多能，在这种情况下，就要求流程管理团队不断深入学习，多学习某个专业领域的理论与实践经验，最终与业务部门协作共同制定合理的流程变革方案。

**3. 优秀的咨询顾问**

我经常对团队成员说："你们要成为一名优秀的管理咨询顾问，像咨询顾问一样服务业务部门，为企业创造价值。"其实，业务部门就是流程管理团队的客户，流程管理本身不能创造价值，需要通过业务部门才能体现价值。咨询顾问也一样，咨询项目的成功与否最终要看能否让所服务的公司获益。

那么成为一名优秀的咨询顾问要注意什么呢?

首先，要有自己的理论知识体系，有专长，成为某个领域的专家。

其次，要有项目推动能力，必须推动流程变革项目来体现自己的价值。项目进展不顺利，咨询顾问首先要检讨是引导得不够，还是项目本身规划做得不好，还要检讨项目团队的分工协作问题等。

最后，要培养和辅导一批业务部门的骨干，项目结束后，工作不要停止，还要继续推动变革项目继续优化。前面说过流程优化是跟着业务走的，只要业务还在，流程就要不断适应业务变化，要让业务部门有自我造血的能力。

## 小结

流程管理同其他职能模块的工作一样，也是需要通过实践做出价值的。但是同其他职能部门不一样的是，其他模块只要对所在领域的业务精通就好，而流程管理要求的是全才，综合素质较高的人才能成为这一领域的专家。流程管理作为管理要素的一个主体，将经营管理、绩效管理、组织管理，甚至企业文化管理都串接起来。只有综合应用这些要素，才能真正为业务部门创造价值。所以，流程管理的从业人员要加强学习，多了解不同领域的专业知识，才能解决问题，为企业带来实实在在的价值。

## 推荐作者得新书！

## 博瑞森征稿启事

**亲爱的读者朋友：**

感谢您选择了博瑞森图书！希望您手中的这本书能给您带来实实在在的帮助！

博瑞森一直致力于发掘好作者、好内容，希望能把您最需要的思想、方法，一字一句地交到您手中，成为管理知识与管理实践的桥梁。

但是我们也知道，有很多深入企业一线、经验丰富、乐于分享的优秀专家，或者忙于实战没时间，或者缺少专业的写作指导和便捷的出版途径，只能茫然以待……

还有很多在竞争大潮中坚守的企业，有着异常宝贵的实践经验和独特的洞察，但缺少专业的记录和整理者，无法让企业的经验和故事被更多的人了解、学习……

**对读者而言，这些都太遗憾了！**

博瑞森非常希望能将这些埋藏的"宝藏"发掘出来，贡献给广大读者，让更多的人从中受益。

所以，我们真心地邀请您，我们的老读者，帮我们搜寻：

**推荐作者**

可以是您自己或您的朋友，只要对本土管理有实践、有思考；可以是您通过网络、杂志、书籍或其他途径了解的某位专家，不管名气大小，只要他的思想和方法曾让您深受启发。

可以是管理类作品，也可以超出管理，各类优秀的社科作品或学术作品。

**推荐企业**

可以是您自己所在的企业，或者是您熟悉的某家企业，其创业过程、运营经历、产品研发、机制创新，等等。无论企业大小，只要乐于分享、有值得借鉴书写之处。

**总之，好内容就是一切！**

博瑞森绝非"自费出书"，出版费用完全由我们承担。您推荐的作者或企业案例一经采用，我们会立刻向您赠送书币 1000 元，可直接换取任何博瑞森图书的纸书或电子书。

感谢您对本土管理原创、博瑞森图书的支持！

推荐投稿邮箱：bookgood@126.com　　推荐手机：13611149991

## 企业案例·老板传记

| | 书名. 作者 | 内容/特色 | 读者价值 |
|---|---|---|---|
| 企业案例·老板传记 | **你不知道的加多宝:原市场部高管讲述**<br>曲宗恺　牛玮娜　著 | 前加多宝高管解读加多宝 | 全景式解读,原汁原味 |
| | **借力咨询:德邦成长背后的秘密**<br>官同良　王祥伍　著 | 讲述德邦是如何借助咨询公司的力量进行自身与发展的 | 来自德邦内部的第一线资料,真实、珍贵,令人受益匪浅 |
| | **娃哈哈区域标杆:豫北市场营销实录**<br>罗宏文　赵晓萌　等著 | 本书从区域的角度来写娃哈哈河南分公司豫北市场是怎么进行区域市场营销,成为娃哈哈全国第一大市场、全国增量第一高市场的一些操作方法 | 参考性、指导性,一线真实资料 |
| | **六个核桃凭什么:从0过100亿**<br>张学军　著 | 首部全面揭秘养元六个核桃裂变式成长的巨著 | 学习优秀企业的成长路径,了解其背后的理论体系 |
| | **像六个核桃一样:打造畅销品的36个简明法则**<br>王　超　范　萍　著 | 本书分上下两篇:包括"六个核桃"的营销战略历程和36条畅销法则 | 知名企业的战略历程极具参考价值,36条法则提供操作方法 |
| | **解决方案营销实战案例**<br>刘祖轲　著 | 用10个真案例讲明白什么是工业品的解决方案式营销,实战、实用 | 有干货、真正操作过的才能写得出来 |
| | **招招见销量的营销常识**<br>刘文新　著 | 如何让每一个营销动作都直指销量 | 适合中小企业,看了就能用 |
| | **我们的营销真案例**<br>联纵智达研究院　著 | 五芳斋粽子从区域到全国/诺贝尔瓷砖门店销量提升/利豪家具出口转内销/汤臣倍健的营销模式 | 选择的案例都很有代表性,实在、实操! |
| | **中国营销战实录:令人拍案叫绝的营销真案例**<br>联纵智达　著 | 51个案例,42家企业,38万字,18年,累计2000余人次参与…… | 最真实的营销案例,全是一线记录,开阔眼界 |
| | **双剑破局:沈坤营销策划案例集**<br>沈　坤　著 | 双剑公司多年来的精选案例解析集,阐述了项目策划中每一个营销策略的诞生过程,策划角度和方法 | 一线真实案例,与众不同的策划角度令人拍案叫绝、受益匪浅 |
| | **宗:一位制造业企业家的思考**<br>杨　涛　著 | 1993年创业,引领企业平稳发展20多年,分享独到的心得体会 | 难得的一本老板分享经验的书 |
| | **简单思考:AMT咨询创始人自述**<br>孔祥云　著 | 著名咨询公司(AMT)的CEO创业历程中点点滴滴的经验与思考 | 每一位咨询人,每一位创业者和管理经营者,都值得一读 |
| | **边干边学做老板**<br>黄中强　著 | 创业20多年的老板,有经验、能写、又愿意分享,这样的书很少 | 处处共鸣,帮助中小企业老板少走弯路 |
| | **三四线城市超市如何快速成长:解密甘雨亭**<br>IBMG国际商业管理集团　著 | 国内外标杆企业的经验+本土实践量化数据+操作步骤、方法 | 通俗易懂,行业经验丰富,宝贵的行业量化数据,关键思路和步骤 |
| | **中国首家未来超市:解密安徽乐城**<br>IBMG国际商业管理集团　著 | 本书深入挖掘了安徽乐城超市的试验案例,为零售企业未来的发展提供了一条可借鉴之路 | 通俗易懂,行业经验丰富,宝贵的行业量化数据,关键思路和步骤 |

## 互联网+

| | 书名. 作者 | 内容/特色 | 读者价值 |
|---|---|---|---|
| 互联网+ | **新营销**<br>刘春雄　著 | 新营销的新框架体系是场景是产品逻辑,IP是品牌逻辑,社群是连接逻辑,传播是营销逻辑 | 助力品牌商实现由传统营销到新营销的理念和行动的跨越,助力企业打赢升级转型之仗 |
| | **企业微信营销全指导**<br>孙　巍　著 | 专门给企业看到的微信营销书,手把手教企业从小白到微信营销专家 | 企业想学微信营销现在还不晚,两眼一抹黑也不怕,有这本书就够 |

续表

| | | | |
|---|---|---|---|
| 互联网+ | **企业网络营销这样做才对:B2B大宗B2C**<br>张　进　著 | 简单直白拿来就用,各种窍门信手拈来,企业网络营销不麻烦也不用再头疼,一般人不告诉他 | B2B、大宗B2C企业有福了,看了就能学会网络营销 |
| | **互联网时代的银行转型**<br>韩友诚　著 | 以大量案例形式为读者全面展示和分析了银行的互联网金融转型应对之道 | 结合本土银行转型发展案例的书籍 |
| | **正在发生的转型升级·实践**<br>本土管理实践与创新论坛　著 | 企业在快速变革期所展现出的管理变革新成果、新方法、新案例 | 重点突出对于未来企业管理相关领域的趋势研判 |
| | **触发需求:互联网新营销样本·水产**<br>何足奇　著 | 传统产业都在苦闷中挣扎前行,本书通过鲜活的案例告诉你如何以需求链整合供应链,从而把大家熟知的传统行业打碎了重构、重做一遍 | 全是干货,值得细读学习,并且作者的理论已经经过了他亲自操刀的实践检验,效果惊人,就在书中全景展示 |
| | **移动互联新玩法:未来商业的格局和趋势**<br>史贤龙　著 | 传统商业、电商、移动互联,三个世界并存,这种新格局的玩法一定要懂 | 看清热点的本质,把握行业先机,一本书搞定移动互联网 |
| | **微商生意经:真实再现33个成功案例操作全程**<br>伏泓霖　罗晓慧　著 | 本书为33个真实案例,分享案例主人公在做微商过程中的经验教训 | 案例真实,有借鉴意义 |
| | **阿里巴巴实战运营——14招玩转诚信通**<br>聂志新　著 | 本书主要介绍阿里巴巴诚信通的十四个基本推广操作,从而帮助使用诚信通的用户及企业更好地提升业绩 | 基本操作,很多可以边学边用,简单易学 |
| | **阿里巴巴实战运营2:诚信通热卖技巧**<br>聂嵘海　著 | 诚信通TOP商家赚钱的密码箱,手把手教你操作,拿来就用 | 图文并茂,内容齐全,直接可以对照使用 |
| | **抖音营销如何做:未来抖商**<br>刘大贺　著 | 解密从0到1亿粉丝的实操路径,深度剖析抖音营销全系统策略 | 企业做抖音营销的第一书 |
| | **微商团队长:从入门到精通**<br>罗品牌　著 | 由浅入深,涵盖微商团队长必学技能的方方面面 | 只要照着做,就能当好微商团队长 |
| | **互联网精准营销**<br>蒋　军　著 | 怎么在互联网时代整体策划、包装品牌和产品,并在此基础上为企业设计商业模式,技术实现并运营落地 | 为有基础的小微企业(大企业的新项目)1年实现销售额过亿,2年对接资本,3年左右准IPO |
| | **今后这样做品牌:移动互联时代的品牌营销策略**<br>蒋　军　著 | 与移动互联紧密结合,告诉你老方法还能不能用,新方法怎么用 | 今后这样做品牌就对了 |
| | **互联网+"变"与"不变":本土管理实践与创新论坛集萃·2016**<br>本土管理实践与创新论坛　著 | 本土管理领域正在产生自己独特的理论和模式,尤其在移动互联时代,有很多新课题需要本土专家们一起研究 | 帮助读者拓宽眼界、突破思维 |
| | **创造增量市场:传统企业互联网转型之道**<br>刘红明　著 | 传统企业需要用互联网思维去创造增量,而不是用电子商务去转移传统业务的存量 | 教你怎么在"互联网+"的海洋中创造实实在在的增量 |
| | **重生战略:移动互联网和大数据时代的转型法则**<br>沈　拓　著 | 在移动互联网和大数据时代,传统企业转型如同生命体打算与再造,称之为"重生战略" | 帮助企业认清移动互联网环境下的变化和应对之道 |
| | **画出公司的互联网进化路线图:用互联网思维重塑产品、客户和价值**<br>李　蓓　著 | 18个问题帮助企业一步步梳理出互联网转型思路 | 思路清晰、案例丰富,非常有启发性 |
| | **7个转变,让公司3年胜出**<br>李　蓓　著 | 消费者主权时代,企业该怎么办 | 这就是互联网思维,老板有能这样想,肯定倒不了 |
| | **跳出同质思维,从跟随到领先**<br>郭　剑　著 | 66个精彩案例剖析,帮助老板突破行业长期思维惯性 | 做企业竟然有这么多玩法,开眼界 |

续表

| 行业类:零售、白酒、食品/快消品、农业、医药、建材家居等 | | | |
|---|---|---|---|
| 书名．作者 | | 内容/特色 | 读者价值 |
| 零售·超市·餐饮·服装 | **总部有多强大,门店就能走多远**<br>IBMG 国际商业管理集团　著 | 如何把总部做强,成为门店的坚实后盾 | 了解总部建设的方法与经验 |
| | **超市卖场定价策略与品类管理**<br>IBMG 国际商业管理集团　著 | 超市定价策略与品类管理实操案例和方法 | 拿来就能用的理论和工具 |
| | **连锁零售企业招聘与培训破解之道**<br>IBMG 国际商业管理集团　著 | 围绕零售企业组织架构、培训体系建设等内容进行深刻探讨 | 破解人才发现和培养瓶颈的关键点 |
| | **中国首家未来超市:解密安徽乐城**<br>IBMG 国际商业管理集团　著 | 介绍了乐城作为中国首家未来超市从无到有的传奇经历 | 了解新型零售超市的运作方式及管理特色 |
| | **三四线城市超市如何快速成长:解密甘雨亭**<br>IBMG 国际商业管理集团　著 | 揭秘一家三四线连锁超市的经验策略 | 不但可以欣赏它的优点,而且可以学会它成功的方法 |
| | **新零售　新终端**<br>迪智成咨询团队　著 | 梳理和提炼新零售的系统打法,将之落地在新终端建设上 | 让新零售这一看似形而上的商业概念有了可以落地的立足点 |
| | **新零售动作分解:建材　家居家具**<br>盛斌子　著 | 第一本锁定在家居建材、家电、家装等耐用消费品领域谈新零售的书 | 第一本谈新零售的具体动作、策略、方法、招术的书,拿来就用 |
| | **新零售进化趋势与未来格局**<br>李政权　著 | 通过业态、品类、体验、场景等,逐一呈现新零售的未来进化 | 就新零售未来的发展方向与进化趋势给出一个确定性的未来 |
| | **涨价也能卖到翻**<br>村松达夫　【日】 | 提升客单价的 15 种实用、有效的方法 | 日本企业在这方面非常值得学习和借鉴 |
| | **移动互联下的超市升级**<br>联商网专栏频道　著 | 深度解析超市转型升级重点 | 帮助零售企业把握全局、看清方向 |
| | **手把手教你做专业督导:专卖店、连锁店**<br>熊亚柱　著 | 从督导的职能、作用,在工作中需要的专业技能、方法,都提供了详细的解读和训练办法,同时附有大量的表单工具 | 无论是店铺需要统一培训,还是个人想成为优秀的督导,有这一本就够了 |
| | **百货零售全渠道营销策略**<br>陈继展　著 | 没有照本宣科、说教式的絮叨,只有笔者对行业的认知与理解,庖丁解牛式的逐项解析、展开 | 通俗易懂,花极少的时间快速掌握该领域的知识及趋势 |
| | **零售:把客流变成购买力**<br>丁　昀　著 | 如何通过不断升级产品和体验式服务来经营客流 | 如何进行体验营销,国外的好经营,这方面有启发 |
| | **餐饮企业经营策略第一书**<br>吴　坚　著 | 分别从产品、顾客、市场、盈利模式等几个方面,对现阶段餐饮企业的发展提出策略和思路 | 第一本专业的、高端的餐饮企业经营指导书 |
| | **餐饮新营销**<br>杨　勇　程绍珊　著 | 在新环境下,对餐饮营销管理进行了全面深入的解读,提供了方式方法 | 全面性、系统性,区别于市面上的纯操作类作品 |
| | **电影院的下一个黄金十年:开发·差异化·案例**<br>李保煜　著 | 对目前电影院市场存大的问题及如何解决进行了探讨与解读 | 多角度了解电影院运营方式及代表性案例 |
| | **赚不赚钱靠店长:从懂管理到会经营**<br>孙彩军　著 | 通过生动的案例来进行剖析,注重门店管理细节方面的能力提升 | 帮助终端门店店长在管理门店的过程中实现经营思路的拓展与突破 |
| 耐消品 | **商用车经销商运营实战**<br>杜建君　王朝阳　章晓青　等著 | 从管理到经营,从销售到服务,系统化运作全指导 | 为经销商经营开阔思路,掌握方法 |
| | **汽车配件这样卖:汽车后市场销售秘诀 100 条**<br>俞士耀　著 | 汽配销售业务员必读,手把手教授最实用的方法,轻松得来好业绩 | 快速上岗,专业实效,业绩无忧 |

续表

| | | | |
|---|---|---|---|
| 耐消品 | **润滑油销售：这样说这样做更有效**<br>张金荣　著 | 针对渠道、经销商、终端的超实用话术 | 上车看，下车用，3分钟就能学会。 |
| | **新经销：新零售时代，教你做大商**<br>黄润霖　著 | 从选址、产品、促销、团队、规模阐述新经销变与不变的市场手法和操作思路 | 实地拜访近100位经销商在传统营销手法上的创新、新营销工具的发现 |
| | **珠宝黄金新营销**<br>崔德乾　著 | 营销、品牌、产品、连接、场景、社群、服务、传播、管理及产业价值链 | 新营销在珠宝行业的实战应用，业内必备第一书 |
| | **跟行业老手学经销商开发与管理：家电、耐消品、建材家居**<br>黄润霖　著 | 全部来源于经销商管理的一线问题，作者用丰富的经验将每一个问题落实到最便捷快速的操作方法上去 | 书中每一个问题都是普通营销人亲口提出的，这些问题你也会遇到，作者进行的解答则精彩实用 |
| 白酒 | **酒水饮料快消品餐饮渠道营销手册**<br>朱伟杰　著 | 主要针对快消品（酒水、饮料）的餐饮渠道，提供了区域、商圈、不同业态的规划和促销安排等多种工具，并提出了经销商、批发商等相关人员的管理方法 | 一本酒水饮料如何在餐饮渠道销售的全能手册，内容深入翔实，可以直接照搬套用，这样的便利简直千金不换 |
| | **白酒到底如何卖**<br>赵海永　著 | 以市场实战为主，多层次、全方位、多角度地阐释了白酒一线市场操作的最新模式和方法，接地气 | 实操性强，37个方法、6大案例帮你成功卖酒 |
| | **变局下的白酒企业重构**<br>杨永华　著 | 帮助白酒企业从产业视角看清趋势，找准位置，实现弯道超车的书 | 行业内企业要减少90%，自己在什么位置，怎么做，都清楚了 |
| | **1. 白酒营销的第一本书（升级版）**<br>**2. 白酒经销商的第一本书**<br>唐江华　著 | 华泽集团湖南开口笑公司品牌部长，擅长酒类新品推广、新市场拓展 | 扎根一线，实战 |
| | **区域型白酒企业营销必胜法则**<br>朱志明　著 | 为区域型白酒企业提供35条必胜法则，在竞争中赢销的葵花宝典 | 丰富的一线经验和深厚积累，实操实用 |
| | **10步成功运作白酒区域市场**<br>朱志明　著 | 白酒区域操盘者必备，掌握区域市场运作的战略、战术、兵法 | 在区域市场的攻伐防守中运筹帷幄，立于不败之地 |
| | **酒业转型大时代：微酒精选2014－2015**<br>微酒　主编 | 本书分为五个部分：当年大事件、那些酒业营销工具、微酒独立策划、业内大调查和十大经典案例 | 了解行业新动态、新观点，学习营销方法 |
| 快消品·食品 | **中国快消品营销的这些年**<br>史贤龙　著 | 作者精华文章的合集，一本书浓缩了过去十五年，中国营销的实战历程与前沿思考 | 快消品营销行业的案例和方法都原汁原味呈现，在反映当时风貌的同时，展望与反思 |
| | **营销中国茶：2小时读懂茶叶营销**<br>史贤龙　著 | 从不同视角对中国的茶营销进行了思考，内容涉及中国茶产业战略困境、茶企规模化、茶品牌崛起、茶文化、茶营销、茶消费、茶零售、茶道等 | 内容丰富扎实，文字流畅，浓缩的都是精华，让你2小时读懂茶叶营销 |
| | **这样打造快消品标杆市场**<br>罗宏文　著 | 帮助你解决如何成功打造标杆市场和进行持续增量管理两大问题 | 一套系统的方法论，通俗易懂，可以直接套用 |
| | **5小时读懂快消品营销：中国快消品案例观察**<br>陈海超　著 | 多年营销经验的一线老手把案例掰开了、揉碎了，从中得出的各种手段和方法给读者以帮助和启发 | 营销那些事儿的个中秘辛，求人还不一定告诉你，这本书里就有 |
| | **快消品招商的第一本书：从入门到精通**<br>刘　雷　著 | 深入浅出，不说废话，有工具方法，通俗易懂 | 让零基础的招商新人快速学习书中最实用的招商技能，成长为骨干人才 |
| | **乳业营销第一书**<br>侯军伟　著 | 对区域乳品企业生存发展关键性问题的梳理 | 唯一的区域乳业营销书，区域乳品企业一定要看 |

续表

| | | | |
|---|---|---|---|
| 快消品·食品 | 金龙鱼背后的粮油帝国<br>余　盛　著 | 讲述金龙鱼品牌及母公司丰益国际的商业冒险故事 | 在精彩的阅读体验中学到营销管理的方法 |
| | 食用油营销第一书<br>余　盛　著 | 10多年油脂企业工作经验，从行业到具体实操 | 食用油行业第一书，当之无愧 |
| | 中国茶叶营销第一书<br>柏　龑　著 | 如何跳出茶行业“大文化小产业”的困境，作者给出了自己的观察和思考 | 不是传统做茶的思路，而是现在商业做茶的思路 |
| | 调味品企业八大必胜法则<br>张　戟　著 | 八大规律性的关键成功要素，背后都有本土调味品企业的成功实践 | “观点阐述＋案例描述”，行业必读 |
| | 调味品营销第一书<br>陈小龙　著 | 国内唯一一本调味品营销的书 | 唯一的调味品营销的书，调味品的从业者一定要看 |
| | 快消品营销人的第一本书：从入门到精通<br>刘　雷　伯建新　著 | 快消行业必读书，从入门到专业 | 深入细致，易学易懂 |
| | 变局下的快消品营销实战策略<br>杨永华　著 | 通胀了，成本增加，如何从被动应战变成主动的“系统战” | 作者对快消品行业非常熟悉、非常实战 |
| | 快消品经销商如何快速做大<br>杨永华　著 | 本书完全从实战的角度，评述现象，解析误区，揭示原理，传授方法 | 为转型期的经销商提供了解决思路，指出了发展方向 |
| | 快消品营销：一位销售经理的工作心得2<br>蒋　军　著 | 快消品、食品饮料营销的经验之谈，重点图书 | 来源与实战的精华总结 |
| | 快消品营销与渠道管理<br>谭长春　著 | 将快消品标杆企业渠道管理的经验和方法分享出来 | 可口可乐、华润的一些具体的渠道管理经验，实战 |
| | 成为优秀的快消品区域经理（升级版）<br>伯建新　著 | 用“怎么办”分析区域经理的工作关键点，增加30%全新内容，更贴近环境变化 | 可以作为区域经理的“速成催化器” |
| | 销售轨迹：一位快消品营销总监的拼搏之路<br>秦国伟　著 | 本书讲述了一个普通销售员打拼成为跨国企业营销总监的真实奋斗历程 | 激励人心，给广大销售员以力量和鼓舞 |
| | 快消老手都在这样做：区域经理操盘锦囊<br>方　刚　著 | 非常接地气，全是多年沉淀下来的干货，丰富的一线经验和实操方法不可多得 | 在市场摸爬滚打的“老油条”，那些独家绝招妙招一般你问都是问不来的 |
| | 动销四维：全程辅导与新品上市<br>高继中　著 | 从产品、渠道、促销和新品上市详细讲解提高动销的具体方法，总结作者18年的快消品行业经验，方法实操 | 内容全面系统，方法实操 |
| 农业 | 饲料营销有方法：策略　案例　工具<br>陈石平　著 | 跳出饲料看饲料，根据饲料营销的关键成功要素（KSF）提出7大核心命题 | 紧跟农牧产业发展大势，提高饲料企业营销竞争力 |
| | 新农资如何换道超车<br>刘祖轲　等著 | 从农业产业化、互联网转型、行业营销与经营突破四个方面阐述如何让农资企业占领先机、提前布局 | 南方略专家告诉你如何应对资源浪费、生产效率低下、产能严重过剩、价格与价值严重扭曲等 |
| | 中国牧场管理实战：畜牧业、乳业必读<br>黄剑黎　著 | 本书不仅提供了来自一线的实际经验，还收入了丰富的工具文档与表单 | 填补空白的行业必读作品 |
| | 中小农业企业品牌战法<br>韩　旭　著 | 将中小农业企业品牌建设的方法，从理论讲到实践，具有指导性 | 全面把握品牌规划，传播推广，落地执行的具体措施 |
| | 农资营销实战全指导<br>张　博　著 | 农资如何向“深度营销”转型，从理论到实践进行系统剖析，经验资深 | 朴实、使用！不可多得的农资营销实战指导 |
| | 农产品营销第一书<br>胡浪球　著 | 从农业企业战略到市场开拓、营销、品牌、模式等 | 来源于实践中的思考，有启发 |
| | 变局下的农牧企业9大成长策略<br>彭志雄　著 | 食品安全、纵向延伸、横向联合、品牌建设…… | 唯一的农牧企业经营实操的书，农牧企业一定要看 |

续表

| | | | |
|---|---|---|---|
| 医药 | **在中国,医药营销这样做:时代方略精选文集**<br>段继东　主编 | 专注于医药营销咨询15年,将医药营销方法的精华文章合编,深入全面 | 可谓医药营销领域的顶尖著作,医药界读者的必读书 |
| | **医药新营销:制药企业、医药商业企业营销模式转型**<br>史立臣　著 | 医药生产企业和商业企业在新环境下如何做营销?老方法还有没有用?如何寻找新方法?新方法怎么用?本书给你答案 | 内容非常现实接地气,踏实谈问题说方法 |
| | **医药企业转型升级战略**<br>史立臣　著 | 药企转型升级有5大途径,并给出落地步骤及风险控制方法 | 实操性强,有作者个人经验总结及分析 |
| | **新医改下的医药营销与团队管理**<br>史立臣　著 | 探讨新医改对医药行业的系列影响和医药团队管理 | 帮助理清思路,有一个框架 |
| | **医药营销与处方药学术推广**<br>马宝琳　著 | 如何用医学策划把"平民产品"变成"明星产品" | 有真货、讲真话的作者,堪称处方药营销的经典! |
| | **医药行业大洗牌与药企创新**<br>林延君　沈　斌　著 | 一方面,围绕着变革,多角度阐述药企的应对之道;另一方面,紧扣实践,介绍近百家医药企业创新实践案例 | 医改变革10年,医药企业如何应对大洗牌?重磅出击的药企人必读书 |
| | **新医改了,药店就要这样开**<br>尚　锋　著 | 药店经营、管理、营销全攻略 | 有很强的实战性和可操作性 |
| | **电商来了,实体药店如何突围**<br>尚　锋　著 | 电商崛起,药店该如何突围?本书从促销、会员服务、专业性、客单价等多重角度给出了指导方向 | 实战攻略,拿来就能用 |
| | **OTC医药代表药店销售36计**<br>鄢圣安　著 | 以《三十六计》为线,写OTC医药代表向药店销售的一些技巧与策略 | 案例丰富,生动真实,实操性强 |
| | **OTC医药代表药店开发与维护**<br>鄢圣安　著 | 要做到一名专业的医药代表,需要做什么、准备什么、知识储备、操作技巧等 | 医药代表药店拜访的指导手册,手把手教你快速上手 |
| | **引爆药店成交率1:店员导购实战**<br>范月明　著 | 一本书解决药店导购所有难题 | 情景化、真实化、实战化 |
| | **引爆药店成交率2:经营落地实战**<br>范月明　著 | 最接地气的经营方法全指导 | 揭示了药店经营的几类关键问题 |
| | **引爆药店成交率:专业化销售解决方案**<br>范月明　著 | 药品搭配分析与关联销售 | 为药店人专业化助力 |
| | **处方药合规推广实战宝典**<br>赵佳震　著 | 推广体系搭建、推广人员岗位工作内容、推广服务外包商管理等六个方面 | 解决"医药代表转型"和"推广服务外包商管理"的困惑 |
| | **医药代理商实操全指导:新环境　新战法**<br>戴文杰　著 | 结合医药市场政策环境解读新环境下医药招商的战法,着重分析药品产业链的盈利机会 | 医药销售业务人员的必备读物 |
| | **攻略基层诊所:医药营销这样做**<br>张江民　著 | 对基层诊所的开发、维护和动销,拿来就用的方式方法 | 实战是本书的主旨,只要用心去看,就能在基层诊所市场中运用 |
| | **互联网医药的未来**<br>动脉网　编著 | 介绍了互联网医药发展的现状与趋势 | 帮助创业者和投资人看清未来,把握当下 |
| | **处方药零售这样做**<br>田　军　著 | 阐述了处方药零售的重要性,以及做处方药零售市场的具体措施和方法 | 系统性了解和掌握处方药零售方法 |
| 建材家居 | **成为最赚钱的家具建材经销商**<br>李治江　著 | 从销售模式、产品、门店等老板们最关注和最需要的方面解决问题、提供方法 | 只要你是建材、家具、家居用品的经销商老板,这就是一本必读的书 |
| | **定制家居黄金十年**<br>韩　锋　翁长华　著 | 梳理了定制家居的商业模式和发展情况 | 帮助定制家居看清方向,把握当下 |
| | **家具建材促销与引流**<br>薛　亮　李永峰　著 | 十大促销模式的详细方法和工具 | 让你天天签大单 |

续表

| | | | |
|---|---|---|---|
| 建材家居 | **家具行业操盘手**<br>王献永　著 | 家具行业问题的终结者 | 解决了干家具还有没有前途？为什么同城多店的家具经销商很难做大做强等问题 |
| | **建材家居营销：除了促销还能做什么**<br>孙嘉晖　著 | 一线老手的深度思考，告诉你在建材家居营销模式基本停滞的今天，除了促销，营销还能怎么做 | 给你的想法一场革命 |
| | **建材家居营销实务**<br>程绍珊　杨鸿贵　主编 | 价值营销运用到建材家居，每一步都让客户增值 | 有自己的系统、实战 |
| | **家居建材门店6力爆破**<br>贾同领　著 | 合盘道出一线品牌销量秘籍 | 6力招招见血，既有招数，又有策略 |
| | **建材家居门店销量提升**<br>贾同领　著 | 店面选址、广告投放、推广助销、空间布局、生动展示、店面运营等 | 门店销量提升是一个系统工程，非常系统、实战 |
| | **10步成为最棒的建材家居门店店长**<br>徐伟泽　著 | 实际方法易学易用，让员工能够迅速成长，成为独当一面的好店长 | 只要坚持这样干，一定能成为好店长 |
| | **手把手帮建材家居导购业绩倍增：成为顶尖的门店店员**<br>熊亚柱　著 | 生动的表现形式，让普通人也能成为优秀的导购员，让门店业绩长红 | 读着有趣，用着简单，一本在手、业绩无忧 |
| | **建材家居经销商实战42章经**<br>王庆云　著 | 告诉经销商：老板怎么当、团队怎么带、生意怎么做 | 忠言逆耳，看着不舒服就对了，实战总结，用一招半式就值了 |
| 工业品 | **销售是门专业活：B2B、工业品**<br>陆和平　著 | 销售流程就应该跟着客户的采购流程和关注点的变化向前推进，将一个完整的销售过程分成十个阶段，提供具体方法 | 销售不是请客吃饭拉关系，是个专业的活计！方法在手，走遍天下不愁 |
| | **解决方案营销实战案例**<br>刘祖轲　著 | 用10个真案例讲明白什么是工业品的解决方案式营销，实战、实用 | 有干货、真正操作过的才能写得出来 |
| | **变局下的工业品企业7大机遇**<br>叶敦明　著 | 产业链条的整合机会、盈利模式的复制机会、营销红利的机会、工业服务商转型机会…… | 工业品企业还可以这样做，思维大突破 |
| | **工业品市场部实战全指导**<br>杜　忠　著 | 工业品市场部经理工作内容全指导 | 系统、全面、有理论、有方法，帮助工业品市场部经理更快提升专业能力 |
| | **工业品营销管理实务**<br>李洪道　著 | 中国特色工业品营销体系的全面深化、工业品营销管理体系优化升级 | 工具更实战，案例更鲜活，内容更深化 |
| | **工业品企业如何做品牌**<br>张东利　著 | 为工业品企业提供最全面的品牌建设思路 | 有策略、有方法、有思路、有工具 |
| | **丁兴良讲工业4.0**<br>丁兴良　著 | 没有枯燥的理论和说教，用朴实直白的语言告诉你工业4.0的全貌 | 工业4.0是什么？本书告诉你答案 |
| | **资深大客户经理：策略准，执行狠**<br>叶敦明　著 | 从业务开发、发起攻势、关系培育、职业成长四个方面，详述了大客户营销的精髓 | 满满的全是干货 |
| | **两化融合管理系统贯标流程与方法**<br>戴　勇　张华杰　张百荣　编著 | 全面梳理贯标流程和方法 | 帮助企业成功贯标 |
| | **一切为了订单：订单驱动下的工业品营销实战**<br>唐道明　著 | 其实，所有的企业都在围绕着两个字在开展全部的经营和管理工作，那就是“订单” | 开发订单、满足订单、扩大订单。本书全是实操方法，字字珠玑、句句干货，教你获得营销的胜利 |
| 金融 | **交易心理分析**<br>（美）马克·道格拉斯　著<br>刘真如　译 | 作者一语道破赢家的思考方式，并提供了具体的训练方法 | 不愧是投资心理的第一书，绝对经典 |
| | **精品银行管理之道**<br>崔海鹏　何　屹　主编 | 中小银行转型的实战经验总结 | 中小银行的教材很多，实战类的书很少，可以看看 |

续表

| | | | |
|---|---|---|---|
| 金融 | **支付战争**<br>Eric M. Jackson　著<br>徐　彬　王　晓　译 | PayPal 创业期营销官，亲身讲述 PayPal 从诞生到壮大到成功出售的整个历史 | 激烈、有趣的内幕商战故事！了解美国支付市场的风云巨变 |
| | **中外并购名著专业阅读指南**<br>叶兴平　等著 | 在 5000 多本并购类图书中精选的 200 著作，在阅读的基础上写的读书评价 | 精挑细选 200 本并一一评介，省去读者挑选的烦恼，快捷、高效 |
| | **新三板信息披露全流程：操作与工具**<br>和珩科技　著 | 详细拆解董秘日常工作过程中所需的信息披露流程 | 董秘案头必备用书 |
| | **成功并购 300 本：一本书搞定并购难题**<br>浩德军师并购联盟　著 | 从财务，税务，法律等角度详细解答疑问 | 能解决 80% 的并购问题 |
| | **互联网时代的银行转型**<br>韩友诚　著 | 以大量案例形式为读者全面展示和分析了银行的互联网金融转型应对之道 | 结合本土银行转型发展案例的书籍 |
| 房地产 | **产业园区/产业地产规划、招商、运营实战**<br>阎立忠　著 | 目前中国第一本系统解读产业园区和产业地产建设运营的实战宝典 | 从认知、策划、招商到运营全面了解地产策划 |
| | **人文商业地产策划**<br>戴欣明　著 | 城市与商业地产战略定位的关键是不可复制性，要发现独一无二的"味道" | 突破千城一面的策划困局 |
| | **中国城市群房地产投资策略**<br>吕俊博　著 | 全方位、多角度分析城市群房地产现状是趋势 | 让亿元资产投资更理性、更安全 |
| | **电影院的下一个黄金十年：开发·差异化·案例**<br>李保煜　著 | 对目前电影院市场存大的问题及如何解决进行了探讨与解读 | 多角度了解电影院运营方式及代表性案例 |
| 能源 | **全能型班组：城市能源互联网与电力班组升级**<br>国网天津市电力公司　编著 | 借鉴国内外优秀企业的转型升级思路，通过对于新型班组组织模式和运行机制的大胆设想，力图构建充分适应内外环境变化的全能型班组 | 看看庞大的国企在新环境下是如何顺应时代的 |
| | **国网天津电力全能型班组建设实务**<br>国网天津市电力公司　编著 | 本书聚焦于天津电力公司在探索全能型班组转型升级时的优秀实践 | 电力行业的班组实践，具体、可操作性强 |

## 经营类：企业如何赚钱，如何抓机会，如何突破，如何"开源"

| | 书名．作者 | 内容/特色 | 读者价值 |
|---|---|---|---|
| 抓方向 | **让经营回归简单．升级版**<br>宋新宇　著 | 化繁为简抓住经营本质：战略、客户、产品、员工、成长 | 经典，做企业就这几个关键点！ |
| | **混沌与秩序Ⅰ：变革时代企业领先之道**<br>**混沌与秩序Ⅱ：变革时代管理新思维**<br>彭剑锋　尚艳玲　主编 | 汇集华夏基石专家团队 10 年来研究成果，集中选择了其中的精华文章编纂成册 | 作者都是既有深厚理论积淀又有实践经验的重磅专家，为中国企业和企业家的未来提出了高屋建瓴的观点 |
| | **活系统：跟任正非学当老板**<br>孙行健　尹　贤　著 | 以任正非的独到视角，教企业老板如何经营公司 | 看透公司经营本质，激活企业活力 |
| | **重构：快消品企业重生之道**<br>杨永华　著 | 从 7 个角度，帮助企业实现系统性的改造 | 提供转型思想与方法，值得参考 |
| | **公司由小到大要过哪些坎**<br>卢　强　著 | 老板手里的一张"企业成长路线图" | 现在我在哪儿，未来还要走哪些路，都清楚了 |
| | **企业二次创业成功路线图**<br>夏惊鸣　著 | 企业曾经抓住机会成功了，但下一步该怎么办？ | 企业怎样获得第二次成功，心里有个大框架了 |
| | **老板经理人双赢之道**<br>陈　明　著 | 经理人怎养选平台、怎么开局，老板怎样选/育/用/留 | 老板生闷气，经理人牢骚大，这次知道该怎么办了 |

续表

| | | | |
|---|---|---|---|
| 抓方向 | **简单思考:AMT 咨询创始人自述**<br>孔祥云　著 | 著名咨询公司(AMT)的 CEO 创业历程中点点滴滴的经验与思考 | 每一位咨询人,每一位创业者和管理经营者,都值得一读 |
| | **企业文化的逻辑**<br>王祥伍　黄健江　著 | 为什么企业绩效如此不同,解开绩效背后的文化密码 | 少有的深刻,有品质,读起来很流畅 |
| | **使命驱动企业成长**<br>高可为　著 | 钱能让一个人今天努力,使命能让一群人长期努力 | 对于想做事业的人,'使命'是绕不过去的 |
| 思维突破 | **盈利原本就这么简单**<br>高可为　著 | 从财务的角度揭示企业盈利的秘密 | 多方面解读商业模式与盈利的关系,通俗易懂,受益匪浅 |
| | **经营:打造你的盈利系统**<br>高可为　著 | 从盈利角度梳理了系统化的经营方式 | 让企业掌舵者把控经营全局 |
| | **创模式:23 个行业创新案例**<br>段传敏　著 | 23 位行业精英的创新对话 | 创业者、转型者的实战参考 |
| | **企业良性成长:用顶层设计突破瓶颈**<br>刘建兆　著 | 全方位介绍企业顶层设计的方法和思路 | 帮助企业用顶层设计突破成长瓶颈 |
| | **移动互联新玩法:未来商业的格局和趋势**<br>史贤龙　著 | 传统商业、电商、移动互联,三个世界并存,这种新格局的玩法一定要懂 | 看清热点的本质,把握行业先机,一本书搞定移动互联网 |
| | **画出公司的互联网进化路线图:用互联网思维重塑产品、客户和价值**<br>李　蓓　著 | 18 个问题帮助企业一步步梳理出互联网转型思路 | 思路清晰、案例丰富,非常有启发性 |
| | **重生战略:移动互联网和大数据时代的转型法则**<br>沈　拓　著 | 在移动互联网和大数据时代,传统企业转型如同生命体打算与再造,称之为"重生战略" | 帮助企业认清移动互联网环境下的变化和应对之道 |
| | **创造增量市场:传统企业互联网转型之道**<br>刘红明　著 | 传统企业需要用互联网思维去创造增量,而不是用电子商务去转移传统业务的存量 | 教你怎么在"互联网+"的海洋中创造实实在在的增量 |
| | **7 个转变,让公司 3 年胜出**<br>李　蓓　著 | 消费者主权时代,企业该怎么办 | 这就是互联网思维,老板有能这样想,肯定倒不了 |
| | **跳出同质思维,从跟随到领先**<br>郭　剑　著 | 66 个精彩案例剖析,帮助老板突破行业长期思维惯性 | 做企业竟然有这么多玩法,开眼界 |
| | **互联网+"变"与"不变":本土管理实践与创新论坛集萃·2016**<br>本土管理实践与创新论坛　著 | 加速本土管理思想的孕育诞生,促进本土管理创新成果更好地服务企业、贡献社会 | 各个作者本年度最新思想,帮助读者拓宽眼界、突破思维 |
| | **消费升级:实践　研究(文集)**<br>本土管理实践与创新论坛　著 | 38 位管理专家及 7 位学者的精华思想,从经营、管理、行业及思想研究四个方面阐述中国企业在消费升级下的实践与研究 | 思想启发,行业借鉴 |
| 财务 | **写给企业家的公司与家庭财务规划——从创业成功到富足退休**<br>周荣辉　著 | 本书以企业的发展周期为主线,写各阶段企业与企业主家庭的财务规划 | 为读者处理人生各阶段企业与家庭的财务问题提供建议及方法,让家庭成员真正享受财富带来的益处 |
| | **互联网时代的成本观**<br>程　翔　著 | 本书结合互联网时代提出了成本的多维观,揭示了多维组合成本的互联网精神和大数据特征,论述了其产生背景、实现思路和应用价值 | 在传统成本观下为盈利的业务,在新环境下也许就成为亏损业务。帮助管理者从新的角度来看待成本,进一步做好精益管理 |

续表

| | | | |
|---|---|---|---|
| 财务 | 财报背后的投资机会<br>蒋　豹　著 | 以具体的公司案例分析，教你迅速看出财务报表与企业经营的关系、所反映的企业经营现状，从而找到投资机会 | 前四大会计所员工为读者解密财报，发现投资机会 |

**管理类：效率如何提升，如何实现经营目标，如何"节流"**

| | 书名．作者 | 内容/特色 | 读者价值 |
|---|---|---|---|
| 通用管理 | 让管理回归简单·升级版<br>宋新宇　著 | 从目标、组织、决策、授权、人才和老板自己层面教你怎样做管理 | 帮助管理抓住管理的要害，让管理变得简单 |
| | 让经营回归简单·升级版<br>宋新宇　著 | 从战略、客户、产品、员工、成长、经营者自身等七个方面，归纳总结出简单有效的经营法则 | 总结出的真正优秀企业的成功之道：简单 |
| | 让用人回归简单<br>宋新宇　著 | 从用人的原则、用人的难题与误区、用人的方法和用人者的修炼四大方面，总结出适合中小企业做好人才管理工作的法则 | 帮助管理者抓住用人的要害，让用人变得简单 |
| | 历史深处的管理智慧1：组织建设与用人之道<br>刘文瑞　著 | 对历史之典故、政事、人事、政制进行管理解析，鉴照企业人才的选用育留 | 推动理论与实践的对接，实现理性与情感的渗透，用中国话语说明管理智慧 |
| | 历史深处的管理智慧2：战略决策与经营运作<br>刘文瑞　著 | 对历史之典故、政事、人事、政制进行管理解析，鉴照企业战略设计与经营实践 | 推动理论与实践的对接，实现理性与情感的渗透，用中国话语说明管理智慧 |
| | 历史深处的管理智慧3：领导修炼与文化素养<br>刘文瑞　著 | 对历史之典故、政事、人事、政制进行管理解析，鉴照企业领导职业能力提升与文化修养 | 推动理论与实践的对接，实现理性与情感的渗透，用中国话语说明管理智慧 |
| | 管理的尺度<br>刘文瑞　著 | 对管理中的种种普遍性问题进行了批评 | 提高把握管理尺度的能力 |
| | 管理学在中国<br>刘文瑞　著 | 系统性介绍了管理学在中国的发展和演变 | 了解管理学在中国的发展脉络，更清晰理解管理学的本质 |
| | 看电影，懂管理<br>刘文瑞　著 | 16部经典电影，带你感悟管理智慧 | 能够帮助读者放松身心，驰骋想象，在不知不觉中增长智慧 |
| | 管理：以规则驾驭人性<br>王春强　著 | 详细解读企业规则的制定方法 | 从人与人博弈角度提升管理的有效性 |
| | 打造集成供应链：走出挂一漏十的改善困境<br>王春强　著 | 详解集成供应链全过程 | 帮助企业优化供应链管理 |
| | 用好骨干员工：关键人才培养与激励<br>王　敏　著 | 系统化分享关键人才打造与激励方法 | 企业能实在用人的最大化价值 |
| | 改变世界的管理学大师1：管理学的前世今生<br>刘文瑞　编著 | 介绍了古典管理学时期的大师事迹和思想 | 深入了解管理大师们的思想和智慧 |
| | 成为企业欢迎的咨询师<br>张国祥　著 | 从调研到落地，手把手教你咨询流程 | 不走弯路，方便直接的学到老咨询师的套路 |
| | 员工心理学超级漫画版<br>邢　雷　著 | 以漫画的形式深度剖析员工心理 | 帮助管理者更了解员工，从而更轻松地管理员工 |
| | 老板有想法，高层有干法：企业中的将帅之道<br>王清华　著 | 深入剖析老板与高管的异同 | 各司其职，各行其是，相辅相成 |
| | 分股合心：股权激励这样做<br>段磊　周剑　著 | 通过丰富的案例，详细介绍了股权激励的知识和实行方法 | 内容丰富全面、易读易懂，了解股权激励，有这一本就够了 |
| | 边干边学做老板<br>黄中强　著 | 创业20多年的老板，有经验、能写、又愿意分享，这样的书很少 | 处处共鸣，帮助中小企业老板少走弯路 |

续表

| | | | |
|---|---|---|---|
| 通用管理 | 成为敏感而体贴的公司<br>王　涛　著 | 本书为作者对企业的观察和冥想的随笔记录。从生活中的一个现象入手,进而探索现象背后的本质 | 从全新角度认识公司 |
| | 中国企业的觉醒:正直　善良　成长<br>王　涛　著 | 围绕着企业人如何发生转化展开,对中国人、中国文化及由此导致的企业现状的观察和思考 | 企业除了要利润,还需要道德 |
| | 有意识的思考:轻松化解问题的7个思考习惯<br>王　涛　著 | 本书是对思想、思考过程、思考方式进行的细致观察 | 养成好的思考习惯,更深刻地看问题 |
| | 中国式阿米巴落地实践之从交付到交易<br>胡八一　著 | 本书主要讲述阿米巴经营会计,"从交付到交易",这是成功实施了阿米巴的标志 | 阿米巴经营会计的工作是有逻辑关联的,一本书就能搞定 |
| | 中国式阿米巴落地实践之激活组织<br>胡八一　著 | 重点讲解如何科学划分阿米巴单元,阐述划分的实操要领、思路、方法、技术与工具 | 最大限度减少"推行风险"和"摸索成本",利于公司成功搭建适合自身的个性化阿米巴经营体系 |
| | 中国式阿米巴落地实践之持续盈利<br>胡八一　著 | 把企业做成平台,企业才能做大(格局);把平台做成阿米巴,企业才能做强(专业);把阿米巴做成合伙制,企业才能做久(机制) | 中国式阿米巴落地实践三部曲的最后一部,告诉你企业如何做大做强做久 |
| | 集团化企业阿米巴实战案例<br>初勇钢　著 | 一家集团化企业阿米巴实施案例 | 指导集团化企业系统实施阿米巴 |
| | 阿米巴经营的中国模式<br>李志华　著 | 让员工从"要我干"到"我要干",价值量化出来 | 阿米巴在企业如何落地,明白思路了 |
| | 欧博心法:好管理靠修行<br>曾　伟　著 | 用佛家的智慧,深刻剖析管理问题,见解独到 | 如果真的有'中国式管理',曾老师是其中标志性人物 |
| | 领导这样点燃你的下属<br>孟广桥　著 | 领导者如何才能让员工积极主动地工作?如何让你的员工和下属保持工作的热情,自动自发?看了这本书就知道 | 只要你希望手下的"兵将"永远充满工作的斗志,这本书将使你获益良多 |
| 流程管理 | 1. 用流程解放管理者<br>2. 用流程解放管理者2<br>张国祥　著 | 中小企业阅读的流程管理、企业规范化的书 | 通俗易懂,理论和实践的结合恰到好处 |
| | 跟我们学建流程体系<br>陈立云　著 | 畅销书《跟我们学做流程管理》系列,更实操,更细致,更深入 | 更多地分享实践,分享感悟,从实践总结出来的方法论 |
| | 人人都要懂流程<br>金国华　余雅丽　著 | 当前各企业流程管理方面最为典型的痛点现象及问题案例 | 通俗易懂,适合企业全员阅读 |
| 质量管理 | IATF16949质量管理体系详解与案例文件汇编:TS16949转版IATF16949:2016<br>谭洪华　著 | 针对IATF的新标准做了详细的解说,同时指出了一些推行中容易犯的错误,提供了大量的表单、案例 | 案例、表单丰富,拿来就用 |
| | 五大质量工具详解及运用案例:APQP/FMEA/PPAP/MSA/SPC<br>谭洪华　著 | 对制造业必备的五大质量工具中每个文件的制作要求、注意事项、制作流程、成功案例等进行了解读 | 通俗易懂、简便易行,能真正实现学以致用 |
| | ISO9001:2015新版质量管理体系详解与案例文件汇编<br>谭洪华　著 | 紧密围绕2015年新版质量管理体系文件逐条详细解读,并提供可以直接套用的案例工具,易学易上手 | 企业质量管理认证、内审必备 |
| | ISO14001:2015新版环境管理体系详解与案例文件汇编<br>谭洪华　著 | 紧密围绕2015年新版环境管理体系文件逐条详细解读,并提供可以直接套用的案例工具,易学易上手 | 企业环境管理认证、内审必备 |

续表

| | | | |
|---|---|---|---|
| 质量管理 | **ISO9001:2015 完整文件汇编:制造业**<br>贺红喜　著 | 按照 ISO9001 标准并超出标准的要求,提供了一套完整的制造业的质量管理体系文件 | 原汁原味完整收入,直接可以拿来就用 |
| | **SA8000:2014 社会责任管理体系认证实战**<br>吕　林　著 | 作者根据自己的操作经验,按认证的流程,以相关案例进行说明 SA8000 认证体系 | 简单,实操性强,拿来就能用 |
| | **精益质量管理实战工具**<br>贺小林　著 | 制造类企业日常工作中所需要的精益管理工具的归纳整理,并进行案例操作的细致分析 | 可以直接参考,实际解决生产中的具体问题 |
| 战略落地 | **重生——中国企业的战略转型**<br>施　炜　著 | 从前瞻和适用的角度,对中国企业战略转型的方向、路径及策略性举措提出了一些概要性的建议和意见 | 对企业有战略指导意义 |
| | **公司大了怎么管:从靠英雄到靠组织**<br>AMT 金国华　著 | 第一次详尽阐释中国快速成长型企业的特点、问题及解决之道 | 帮助快速成长型企业领导及管理团队理清思路,突破瓶颈 |
| | **低效会议怎么改:每年节省一半会议成本的秘密**<br>AMT 王玉荣　著 | 教你如何系统规划公司的各级会议,一本工具书 | 教会你科学管理会议的办法 |
| | **年初订计划,年尾有结果:战略落地七步成诗**<br>AMT 郭晓　著 | 7 个步骤教会你怎么让公司制定的战略转变为行动 | 系统规划,有效指导计划实现 |
| 人力资源 | **HRBP 是这样炼成的之“菜鸟起飞”**<br>新　海　著 | 以小说的形式,具体解析 HRBP 的职责,应该如何操作,如何为业务服务 | 实践者的经验分享,内容实务具体,形式有趣 |
| | **HRBP 是这样炼成的之中级修炼**<br>新　海　著 | 本书以案例故事的方式,介绍了 HRBP 在实际工作中碰到的问题和挑战 | 书中的 HR 解决方案讲究因时因地制宜、简单有效的原则,重在启发读者思路,可供各类企业 HRBP 借鉴 |
| | **HRBP 是这样炼成的之高级修炼**<br>新　海　著 | 以故事的形式,展现了 HRBP 工作者在职业发展路上的层层深入和递进 | 为读者提供 HRBP 在实际工作中遇到种种问题的解决方案 |
| | **新任 HR 高管如何从 0 到 1**<br>黄渊明　著 | 全景式展现新任高管华丽转身全过程 | 助力新任高管安全着陆 |
| | **HR 的劳动法内参**<br>李皓楠　著 | 100 个劳动法案例和分析 | 轻松掌握劳动法知识,方便运用 |
| | **把面试做到极致:首席面试官的人才甄选法**<br>孟广桥　著 | 作者用自己几十年的人力资源经验总结出的一套实用的确定岗位招聘标准、提升面试官技能素质的简便方法 | 面试官必备,没有空泛理论,只有巧妙的实操技能 |
| | **人力资源体系与 e-HR 信息化建设**<br>刘书生　陈　莹　王美佳　著 | 将作者经历的人力资源管理变革、人力资源管理信息化咨询项目方法论、工具和成果全面展现给读者,使大家能够将其快速应用到管理实践中 | 系统性非常强,没有废话,全部是浓缩的干货 |
| | **回归本源看绩效**<br>孙　波　著 | 让绩效回顾“改进工具”的本源,真正为企业所用 | 确实是来源于实践的思考,有共鸣 |
| | **世界 500 强资深培训经理人教你做培训管理**<br>陈　锐　著 | 从 7 大角度具体细致地讲解了培训管理的核心内容 | 专业、实用、接地气 |

续表

| | | | |
|---|---|---|---|
| 人力资源 | **曹子祥教你做激励性薪酬设计**<br>曹子祥　著 | 以激励性为指导，系统性地介绍了薪酬体系及关键岗位的薪酬设计模式 | 深入浅出，一本书学会薪酬设计 |
| | **曹子祥教你做绩效管理**<br>曹子祥　著 | 复杂的理论通俗化，专业的知识简单化，企业绩效管理共性问题的解决方案 | 轻松掌握绩效管理 |
| | **把招聘做到极致**<br>远　鸣　著 | 作为世界 500 强高级招聘经理，作者数十年招聘经验的总结分享 | 带来职场思考境界的提升和具体招聘方法的学习 |
| | **人才评价中心．超级漫画版**<br>邢　雷　著 | 专业的主题，漫画的形式，只此一本 | 没想到一本专业的书，能写成这效果 |
| | **走出薪酬管理误区**<br>全怀周　著 | 剖析薪酬管理的 8 大误区，真正发挥好枢纽作用 | 值得企业深读的实用教案 |
| | **集团化人力资源管理实践**<br>李小勇　著 | 对搭建集团化的企业很有帮助，务实，实用 | 最大的亮点不是理论，而是结合实际的深入剖析 |
| | **我的人力资源咨询笔记**<br>张　伟　著 | 管理咨询师的视角，思考企业的 HR 管理 | 通过咨询师的眼睛对比很多企业，有启发 |
| | **本土化人力资源管理 8 大思维**<br>周　剑　著 | 成熟 HR 理论，在本土中小企业实践中的探索和思考 | 对企业的现实困境有真切体会，有启发 |
| 企业文化 | **36 个拿来就用的企业文化建设工具**<br>海融心胜　主编 | 数十个工具，为了方便拿来就用，每一个工具都严格按照工具属性、操作方法、案例解读划分，实用、好用 | 企业文化工作者的案头必备书，方法都在里面，简单易操作 |
| | **企业文化建设超级漫画版**<br>邢　雷　著 | 以漫画的形式系统教你企业文化建设方法 | 轻松易懂好操作 |
| | **华夏基石方法：企业文化落地本土实践**<br>王祥伍　谭俊峰　著 | 十年积累、原创方法、一线资料，和盘托出 | 在文化落地方面真正有洞察，有实操价值的书 |
| | **企业文化的逻辑**<br>王祥伍　著 | 为什么企业之间如此不同，解开绩效背后的文化密码 | 少有的深刻，有品质，读起来很流畅 |
| | **企业文化激活沟通**<br>宋杼宸　安　琪　著 | 透过新任 HR 总经理的眼睛，揭示出沟通与企业文化的关系 | 有实际指导作用的文化落地读本 |
| | **在组织中绽放自我：从专业化到职业化**<br>朱仁健　王祥伍　著 | 个人如何融入组织，组织如何助力个人成长 | 帮助企业员工快速认同并投入到组织中去，为企业发展贡献力量 |
| | **企业文化定位·落地一本通**<br>王明胤　著 | 把高深枯燥的专业理论创建成一套系统化、实操化、简单化的企业文化缔造方法 | 对企业文化不了解，不会做？有这一本从概念到实操，就够了 |
| 生产管理 | **精益思维：中国精益如何落地**<br>刘承元　著 | 笔者二十余年企业经营和咨询管理的经验总结 | 中国企业需要灵活运用精益思维，推动经营要素与管理机制的有机结合，推动企业管理向前发展 |
| | **300 张现场图看懂精益 5S 管理**<br>乐　涛　编著 | 5S 现场实操详解 | 案例图解，易懂易学 |
| | **高员工流失率下的精益生产**<br>余伟辉　著 | 中国的精益生产必须面对和解决高员工流失率问题 | 确实来源于本土的工厂车间，很务实 |
| | **车间人员管理那些事儿**<br>岑立聪　著 | 车间人员管理中处理各种“疑难杂症”的经验和方法 | 基层车间管理者最闹心、头疼的事，‘打包’解决 |

续表

| | | | |
|---|---|---|---|
| 生产管理 | **1. 欧博心法:好管理靠修行**<br>**2. 欧博心法:好工厂这样管**<br>曾　伟　著 | 他是本土最大的制造业管理咨询机构创始人,他从400多个项目、上万家企业实践中锤炼出的欧博心法 | 中小制造型企业,一定会有很强的共鸣 |
| | **欧博工厂案例1:生产计划管控对话录**<br>**欧博工厂案例2:品质技术改善对话录**<br>**欧博工厂案例3:员工执行力提升对话录**<br>曾　伟　著 | 最典型的问题、最详尽的解析,工厂管理9大问题27个经典案例 | 没想到说得这么细,超出想象,案例很典型,照搬都可以了 |
| | **工厂管理实战工具**<br>欧博企管　编著 | 以传统文化为核心的管理工具 | 适合中国工厂 |
| | **苦中得乐:管理者的第一堂必修课**<br>曾　伟　编著 | 曾伟与师傅大愿法师的对话,佛学与管理实践的碰撞,管理禅的修行之道 | 用佛学最高智慧看透管理 |
| | **比日本工厂更高效1:管理提升无极限**<br>刘承元　著 | 指出制造型企业管理的六大积弊;颠覆流行的错误认知;掌握精益管理的精髓 | 每一个企业都有自己不同的问题,管理没有一剑封喉的秘笈,要从现场、现物、现实出发 |
| | **比日本工厂更高效2:超强经营力**<br>刘承元　著 | 企业要获得持续盈利,就要开源和节流,即实现销售最大化,费用最小化 | 掌握提升工厂效率的全新方法 |
| | **比日本工厂更高效3:精益改善力的成功实践**<br>刘承元　著 | 工厂全面改善系统有其独特的目的取向特征,着眼于企业经营体质(持续竞争力)的建设与提升 | 用持续改善力来飞速提升工厂的效率,高效率能够带来意想不到的高效益 |
| | **3A顾问精益实践1:IE与效率提升**<br>党新民　苏迎斌　蓝旭日　著 | 系统的阐述了IE技术的来龙去脉以及操作方法 | 使员工与企业持续获利 |
| | **3A顾问精益实践2:JIT与精益改善**<br>肖志军　党新民　著 | 只在需要的时候,按需要的量,生产所需的产品 | 提升工厂效率 |
| | **化工企业工艺安全管理实操**<br>黄　娜　编著 | 化工企业工艺安全管理全指导 | 帮助企业树立安全意识,强化安全管理方法 |
| | **手把手教你做专业的生产经理**<br>黄　娜　著 | 物流、信息流、资金流,让生产经理管理有抓手 | 从菜鸟到能把控全局 |
| 员工素质提升 | **TTT培训师精进三部曲(上):深度改善现场培训效果**<br>廖信琳　著 | 现场把控不用慌,这里有妙招一用就灵 | 课程现场无论遇到什么样的情况都能游刃有余 |
| | **TTT培训师精进三部曲(中):构建最有价值的课程内容**<br>廖信琳　著 | 这样做课程内容,学员有收获培训师也有收获 | 优质的课程内容是树立个人品牌的保证 |
| | **TTT培训师精进三部曲(下):职业功力沉淀与修为提升**<br>廖信琳　著 | 从内而外提升自己,职业的道路一帆风顺 | 走上职业TTT内训师的康庄大道 |
| | **培训师,如何让你的事业长青:自我管理的10项法则**<br>廖信琳　著 | 建立了一套完整的培训师自我管理体系,为培训师的职业成长与发展提供有益的指引 | 培训师如何在自己的职业道路上越走越高,事业长青,一直有所收获与成长?本书将给你答案 |
| | **管理咨询师的第一本书:百万年薪　千万身价**<br>熊亚柱　著 | 从问题出发,发现问题、分析问题、解决问题,让两眼一抹黑的新人快速成长 | 管理咨询师初入职场,让这本书开启百万年薪之路 |

续表

| | | | |
|---|---|---|---|
| 员工素质提升 | **手把手教你做专业督导:专卖店、连锁店**<br>熊亚柱　著 | 从督导的职能、作用,在工作中需要的专业技能、方法,都提供了详细的解读和训练办法,同时附有大量的表单工具 | 无论是店铺需要统一培训,还是个人想成为优秀的督导,有这一本就够了 |
| | **跟老板“偷师”学创业**<br>吴江萍　余晓雷　著 | 边学边干,边观察边成长,你也可以当老板 | 不同于其他类型的创业书,让你在工作中积累创业经验,一举成功 |
| | **销售轨迹:一位快消品营销总监的拼搏之路**<br>秦国伟　著 | 本书讲述了一个普通销售员打拼成为跨国企业营销总监的真实奋斗历程 | 激励人心,给广大销售员以力量和鼓舞 |
| | **在组织中绽放自我:从专业化到职业化**<br>朱仁健　王祥伍　著 | 个人如何融入组织,组织如何助力个人成长 | 帮助企业员工快速认同并投入到组织中去,为企业发展贡献力量 |
| | **企业员工弟子规:用心做小事,成就大事业**<br>贾同领　著 | 从传统文化《弟子规》中学习企业中为人处事的办法,从自身做起 | 点滴小事,修养自身,从自身的改善得到事业的提升 |
| | **手把手教你做顶尖企业内训师:TTT培训师宝典**<br>熊亚柱　著 | 从课程研发到现场把控、个人提升都有涉及,易读易懂,内容丰富全面 | 想要做企业内训师的员工有福了,本书教你如何抓住关键,从入门到精通 |
| | **28天速成文案高手**<br>秦　士　安　丽　著 | 解构优秀品牌和出彩文案背后的逻辑,28天循序渐进成为文案高手 | 让优质文案变成“智慧工厂”般的工序管理与稳定出品 |
| | **让投诉顾客满意离开:客户投诉应对与管理**<br>孟广桥　著 | 立足于投诉处理的实践,剖析了不同投诉者投诉的特点和应对措施,并提供各种技巧方法、赢得客户信赖所需培养的品质修炼、处理投诉应掌握的法律法规等工具 | 是投诉处理人员适应岗位职能需要、提升工作技能的良师益友,是企业变诉为金、培养业务骨干的法宝 |

**营销类:把客户需求融入企业各环节,提供“客户认为”有价值的东西**

| | 书名．作者 | 内容/特色 | 读者价值 |
|---|---|---|---|
| 营销模式 | **精品营销战略**<br>杜建君　著 | 以精品理念为核心的精益战略和营销策略 | 用精品思维赢得高端市场 |
| | **变局下的营销模式升级**<br>程绍珊　叶　宁　著 | 客户驱动模式、技术驱动模式、资源驱动模式 | 很多行业的营销模式被颠覆,调整的思路有了! |
| | **动销操盘:节奏掌控与社群时代新战法**<br>朱志明　著 | 在社群时代把握好产品生产销售的节奏,解析动销的症结,寻找动销的规律与方法 | 都是易读易懂的干货!对动销方法的全面解析和操盘 |
| | **弱势品牌如何做营销**<br>李政权　著 | 中小企业虽有品牌但没名气,营销照样能做的有声有色 | 没有丰富的实操经验,写不出这么具体、详实的案例和步骤,很有启发 |
| | **老板如何管营销**<br>史贤龙　著 | 高段位营销16招,好学好用 | 老板能看,营销人也能看 |
| | **洞察人性的营销战术:沈坤教你28式**<br>沈　坤　著 | 28个匪夷所思的营销怪招令人拍案叫绝,涉及商业竞争的方方面面,大部分战术可以直接应用到企业营销中 | 各种谋略得益于作者的横向思维方式,将其操作过的案例结合其中,提供的战术对读者有参考价值 |
| | **动销:产品是如何畅销起来的**<br>吴江萍　余晓雷　著 | 真真切切告诉你,产品究竟怎么才能卖出去 | 击中痛点,提供方法,你值得拥有 |
| | **1000铁杆女粉丝**<br>张兵武　著 | 连接是女性与生俱来的特质。能善用连接的营销人员,就像拿到打开女性荷包的钥匙 | 重新认识女性的传播力量 |
| | **360°谈营销:一位营销咨询师20年实战洞察**<br>王清华　古怀亮　著 | 各个角度,全方位,多视点剥营销 | 思路单一,此书帮你破 |

续表

| | | | |
|---|---|---|---|
| 营销模式 | **营销按钮：扣动一触即发的力量**<br>老　苗　著 | 提供各种奇形怪状的营销武器 | 一定会带给你不一样的思维震撼 |
| | **孙子兵法营销战**<br>刘文新　著 | 逐句解读孙子兵法，以及在营销方面的感悟 | 帮助营销人用智慧打营销仗 |
| 销售 | **资深大客户经理：策略准，执行狠**<br>叶敦明　著 | 从业务开发、发起攻势、关系培育、职业成长四个方面，详述了大客户营销的精髓 | 满满的全是干货 |
| | **大客户销售这样说这样做**<br>陆和平　著 | 大客户销售十大模块68个典型销售场景应对策略和话术，直接拿来就用 | 从"为什么要这么干"到"干什么、怎么干" |
| | **成为资深的销售经理：B2B、工业品**<br>陆和平　著 | 围绕"销售管理的六个关键控制点"一一展开，提供销售管理的专业、高效方法 | 方法和技术接地气，拿来就用，从销售员成长为经理不再犯难 |
| | **销售是门专业活：B2B、工业品**<br>陆和平　著 | 销售流程就应该跟着客户的采购流程和关注点的变化向前推进，将一个完整的销售过程分成十个阶段，提供具体方法 | 销售不是请客吃饭拉关系，是个专业的活计！方法在手，走遍天下不愁 |
| | **向高层销售：与决策者有效打交道**<br>贺兵一　著 | 一套完整有效的销售策略 | 有工具，有方法，有案例，通俗易懂 |
| | **学话术　卖产品**<br>张小虎　著 | 分析常见的顾客异议，将优秀的话术模块化 | 让普通导购员也能成为销售精英 |
| 组织和团队 | **升级你的营销组织**<br>程绍珊　吴越舟　著 | 用"有机性"的营销组织替代"营销能人"，营销团队变成"铁营盘" | 营销队伍最难管，程老师不愧是营销第1操盘手，步骤方法都很成熟 |
| | **用数字解放营销人**<br>黄润霖　著 | 通过量化帮助营销人员提高工作效率 | 作者很用心，很好的常备工具书 |
| | **成为优秀的快消品区域经理（升级版）**<br>伯建新　著 | 用"怎么办"分析区域经理的工作关键点，增加30%全新内容，更贴近环境变化 | 可以作为区域经理的"速成催化器" |
| | **成为资深的销售经理：B2B、工业品**<br>陆和平　著 | 围绕"销售管理的六个关键控制点"一一展开，提供销售管理的专业、高效方法 | 方法和技术接地气，拿来就用，从销售员成长为经理不再犯难 |
| | **一位销售经理的工作心得**<br>蒋　军　著 | 一线营销管理人员想提升业绩却无从下手时，可以看看这本书 | 一线的真实感悟 |
| | **快消品营销：一位销售经理的工作心得2**<br>蒋　军　著 | 快消品、食品饮料营销的经验之谈，重点突出 | 来源于实战的精华总结 |
| | **销售轨迹：一位快消品营销总监的拼搏之路**<br>秦国伟　著 | 本书讲述了一个普通销售员打拼成为跨国企业营销总监的真实奋斗历程 | 激励人心，给广大销售员以力量和鼓舞 |
| | **用营销计划锁定胜局：用数字解放营销人2**<br>黄润霖　著 | 全方位教你怎么做好营销计划，好学好用真简单 | 照搬套用就行，做营销计划再也不头痛 |
| | **快消品营销人的第一本书：从入门到精通**<br>刘　雷　伯建新　著 | 快消行业必读书，从入门到专业 | 深入细致，易学易懂 |
| 产品 | **产品开发管理方法·流程·工具：从作坊式到规范化**<br>任彭枞　著 | 产品研发管理体系全指导 | 既有工具，又能开拓思路 |
| | **新产品开发管理，就用IPD（升级版）**<br>郭富才　著 | 10年IPD研发管理咨询总结，国内首部IPD专业著作 | 一本书掌握IPD管理精髓 |

续表

| | | | |
|---|---|---|---|
| 产品 | **这样打造大单品：案例　策略　方法**<br>迪智成咨询团队　著 | 囊括十三个不同行业、企业的实际案例，从不同角度详细剖析、总结了这些品牌厂家打造大单品的成功经验或者失败教训 | 厘清大单品打造的策划与路径，得出持续经营的思路与方法 |
| | **研发体系改进之道**<br>靖　爽　陈年根　马鸣明　著 | 提出一套系统性的方法与工具 | 指引企业少走弯路，提高成功率 |
| | **资深项目经理这样做新产品开发管理**<br>秦海林　著 | 以 IPD 为思想，系统讲解新产品开管理的细节 | 提供管理思路和实用工具 |
| | **产品炼金术Ⅰ：如何打造畅销产品**<br>史贤龙　著 | 满足不同阶段、不同体量、不同行业企业对产品的完整需求 | 必须具备的思维和方法，避免在产品问题上走弯路 |
| | **产品炼金术Ⅱ：如何用产品驱动企业成长**<br>史贤龙　著 | 做好产品、关注产品的品质，就是企业成功的第一步 | 必须具备的思维和方法，避免在产品问题上走弯路 |
| 品牌 | **中小企业如何建品牌**<br>梁小平　著 | 中小企业建品牌的入门读本，通俗、易懂 | 对建品牌有了一个整体框架 |
| | **采纳方法：破解本土营销 8 大难题**<br>朱玉童　编著 | 全面、系统、案例丰富、图文并茂 | 希望在品牌营销方面有所突破的人，应该看看 |
| | **中国品牌营销十三战法**<br>朱玉童　编著 | 采纳 20 年来的品牌策划方法，同时配有大量的案例 | 众包方式写作，丰富案例给人启发，极具价值 |
| | **今后这样做品牌：移动互联时代的品牌营销策略**<br>蒋　军　著 | 与移动互联紧密结合，告诉你老方法还能不能用，新方法怎么用 | 今后这样做品牌就对了 |
| | **中小企业如何打造区域强势品牌**<br>吴　之　著 | 帮助区域的中小企业打造自身品牌，如何在强壮自身的基础上往外拓展 | 梳理误区，系统思考品牌问题，切实符合中小区域品牌的自身特点进行阐述 |
| 渠道通路 | **深度分销：掌控渠道价值链**<br>施　炜　著 | 制造商通过掌控渠道价值链，将管理触角延伸至零售层面及顾客现场，对市场根部精耕细作，从而挖掘需求，构筑区域市场尤其是三四级市场的竞争壁垒 | 深度分销是中国企业对世界营销的独特贡献。实践证明，互联网时代深度分销仍有生命力 |
| | **快消品营销与渠道管理**<br>谭长春　著 | 将快消品标杆企业渠道管理的经验和方法分享出来 | 可口可乐、华润的一些具体的渠道管理经验，实战 |
| | **传统行业如何用网络拿订单**<br>张　进　著 | 给老板看的第一本网络营销书 | 适合不懂网络技术的经营决策者看 |
| | **采纳方法：化解渠道冲突**<br>朱玉童　编著 | 系统剖析渠道冲突，21 个渠道冲突案例、情景式讲解，37 篇讲义 | 系统、全面 |
| | **学话术　卖产品**<br>张小虎　著 | 分析常见的顾客异议，将优秀的话术模块化 | 让普通导购员也能成为销售精英 |
| | **向高层销售：与决策者有效打交道**<br>贺兵一　著 | 一套完整有效的销售策略 | 有工具，有方法，有案例，通俗易懂 |
| | **通路精耕操作全解：快消品 20 年实战精华**<br>周　俊　陈小龙　著 | 通路精耕的详细全解，每一步的具体操作方法和表单全部无保留提供 | 康师傅二十年的经验和精华，实践证明的最有效方法，教你如何主宰通路 |

## 管理者读的文史哲·生活

| | 书名．作者 | 内容/特色 | 读者价值 |
|---|---|---|---|
| 思想·文化 | **德鲁克管理思想解读**<br>罗　珉　著 | 用独特视角和研究方法，对德鲁克的管理理论进行了深度解读与剖析 | 不仅是摘引和粗浅分析，还是作者多年深入研究的成果，非常可贵 |
| | **德鲁克与他的论敌们：马斯洛、戴明、彼得斯**<br>罗　珉　著 | 几位大师之间的论战和思想碰撞令人受益匪浅 | 对大师们的观点和著作进行了大量的理论加工，去伪存真、去粗存精，同时有自己独特的体系深度 |

续表

| | | | |
|---|---|---|---|
| 思想·文化 | **德鲁克管理学**<br>张远凤　著 | 本书以德鲁克管理思想的发展为线索，从一个侧面展示了20世纪管理学的发展历程 | 通俗易懂，脉络清晰 |
| | **王阳明“万物一体”论：从“身-体”的立场看（修订版）**<br>陈立胜　著 | 以身体哲学分析王阳明思想中的“仁”与“乐” | 进一步了解传统文化，了解王阳明的思想 |
| | **自我与世界：以问题为中心的现象学运动研究**<br>陈立胜　著 | 以问题为中心，对现象学运动中的“意向性”“自我”“他人”“身体”及“世界”各核心议题之思想史背景与内在发展理路进行深入细致的分析 | 深入了解现象学中的几个主要问题 |
| | **作为身体哲学的中国古代哲学**<br>张再林　著 | 上篇为中国古代身体哲学理论体系奠基性部分，下篇对由“上篇”所开出的中国身体哲学理论体系的进一步的阐发和拓展 | 了解什么是真正原生态意义上的中国哲学，把中国传统哲学与西方传统哲学加以严格区别 |
| | **中西哲学的歧异与会通**<br>张再林　著 | 本书以一种现代解释学的方法，对中国传统哲学内在本质尝试一种全新的和全方位的解读 | 发掘出掩埋在古老传统形式下的现代特质和活的生命，在此基础上揭示中西哲学“你中有我，我中有你”之旨 |
| | **治论：中国古代管理思想**<br>张再林　著 | 本书主要从儒、法墨三家阐述中国古代管理思想 | 看人本主义的管理理论如何不留斧痕地克服似乎无法调解的存在于人类社会行为与社会组织中的种种两难和对立 |
| | **车过麻城　再晤李贽**<br>张再林　著 | 系统全面而又简明扼要地展示了李贽独到的学术眼力和超拔的理论建树 | 帮助读者重新认识李贽的思想 |
| | **中国古代政治制度（修订版）上：皇帝制度与中央政府**<br>刘文瑞　著 | 全面论证了古代皇帝制度的形成和演变的历程 | 有助于读者从政治制度角度了解中国国情的历史渊源 |
| | **中国古代政治制度（修订版）下：地方体制与官僚制度**<br>刘文瑞　著 | 全面论证了古代地方政府的发展演变过程 | 有助于读者从政治制度角度了解中国国情的历史渊源 |
| | **中国思想文化十八讲（修订版）**<br>张茂泽　著 | 中国古代的宗教思想文化，如对祖先崇拜、儒家天命观、中国古代关于“神”的讨论等 | 宗教文化和人生信仰或信念紧密相联，在文化转型时期学习和研究中国宗教文化就有特别的现实意义 |
| | **史幼波《大学》讲记**<br>史幼波　著 | 用儒释道的观点阐释大学的深刻思想 | 一本书读懂传统文化经典 |
| | **史幼波《周子通书》《太极图说》讲记**<br>史幼波　著 | 把形而上的宇宙、天地，与形而下的社会、人生、经济、文化等融合在一起 | 将儒家的一整套学修系统融合起来 |
| | **史幼波《中庸》讲记（上下册）**<br>史幼波　著 | 全面、深入浅出地揭示儒家中庸文化的真谛 | 儒释道三家思想融会贯通 |
| | **梁涛讲《孟子》之万章篇**<br>梁　涛　著 | 《万章》主要记录孟子与万章的对话，涉及孝道、亲情、友情、出仕为官等 | 作者的解读能帮助读者更好地理解孟子及儒学 |
| | **两晋南北朝十二讲（修订版）**<br>李文才　著 | 作为一本普及性读物，作者尊重史实，运用“历史心理学”的叙事方法，分12个专题对两晋南北朝的历史进行阐述 | 让读者轻松了解两晋南北朝的历史 |
| | **每个中国人身上的春秋基因**<br>史贤龙　著 | 春秋368年（公元前770－公元前403年），每一个中国人都可以在这段时期的历史中找到自己的祖先，看到真实发生的事件，同时也看到自己 | 长情商、识人心 |
| | **与《老子》一起思考：德篇**<br>**与《老子》一起思考：道篇**<br>史贤龙　著 | 打通文史，回归哲慧，纵贯古今，放眼中外，妙语迭出，在当今的老子读本中别具一格 | 深读有深读的回味，浅尝有浅尝的机敏，可给读者不同的启发 |

续表

| | | | |
|---|---|---|---|
| 思想·文化 | **说服天下:《鬼谷子》的中国沟通术**<br>翟玉忠　著 | 由内圣而外王,从心力的培育到具体的说服理论,再到生动的说服案例 | 从商业到军事再到日常生活,沟通说服已经变得越来越重要 |
| | **读《管子》,知天下财富:轻重术与中国古典经济思想**<br>翟玉忠　著 | 中国农业社会规模庞大的市场产生了复杂发展的经济理论——以《管子》轻重十六篇为核心的轻重术 | 本书分为道、术两大部分,有思想、有谋略,相信你会从中有所收获 |
| | **中国商道:从古典商书说开去**<br>翟玉忠　著 | 对中国先秦和明清两个商品经济大发展时期商业典籍的第一次系统整理和诠释 | 中华商道一脉相承,造就了无数商业奇迹,成就了无数商业巨子。今人读之,必能获益 |
| | **跟陈忠建学写名家书法Ⅰ**<br>**跟陈忠建学写名家书法Ⅱ**<br>陈忠建　著 | 中国台湾著名书法教育家,用视频手把手教你摹写历代名家笔触 | 用拟古千字文的形式,学习名家的技巧 |
| | **像美国人一样讲话:教你记住800句最地道的美语**<br>马方旭　著 | 本书基本囊括了在美国最常用最地道的800习惯用语表达,包含中英双语翻译,以及清晰明了的注解帮助增强记忆,加入视频等流行的记忆方法 | 易读易懂,趣味十足 |
| | **别让你的执着毁了孩子**<br>廖信琳　著 | 让职场人在家庭教育中不再焦虑,重塑亲子互动模式 | 只要放下你的执拗,孩子可以更优秀 |
| | **非暴力抵抗的诞生**<br>甘　地　著 | 甘地在南非的自传,介绍了非暴力抵抗诞生的历史 | 深入了解甘地及其伟大思想 |
| | **中东历史与现状二十讲**<br>黄民兴　著 | 介绍了中东历史和现状的20个重要问题 | 为研究和教学人员提供指导和依据 |
| | **郑子太极拳理拳法**<br>杨竣雄　著 | 走进郑子太极拳完整训练体系的大门,随着书中另一主角——师父的课程安排与每日功课的练习 | 当您学完这套书后,在掌握拳架的同时具备诸多正确的太极理念与系统知识 |
| | **内功太极拳训练教程**<br>王铁仁　编著 | 杨式(内功)太极拳(俗称老六路)的详细介绍及具体修炼方法,身心的一次升华 | 书中含有大量图解并有相关视频供读者同步学习 |
| | **中医治心脏病**<br>马宝琳　著 | 引用众多真实案例,客观真实地讲述了中西医对于心脏病的认识及治疗方法 | 看完这本书,能为您节约10万元医药费 |